期货交易者教育系列丛书

焦煤焦炭期货

中国期货业协会　编

中国财经出版传媒集团
中国财政经济出版社

图书在版编目（CIP）数据

焦煤焦炭期货／中国期货业协会编. ——北京：中国财政经济出版社，2023.8（2025.5重印）
（期货交易者教育系列丛书）
ISBN 978－7－5223－2286－5

Ⅰ.①焦… Ⅱ.①中… Ⅲ.①焦煤－期货交易－基本知识②焦炭－期货交易－基本知识 Ⅳ.①F830.93

中国国家版本馆 CIP 数据核字（2023）第 101470 号

责任编辑：张　莹　　　　　责任校对：胡永立
封面设计：王　颖　　　　　责任印制：刘春年

焦煤焦炭期货

JIAOMEI JIAOTAN QIHUO

中国财政经济出版社 出版

URL：http://www.cfeph.cn
E－mail：cfeph@cfeph.cn

（版权所有　翻印必究）

社址：北京市海淀区阜成路甲28号　邮政编码：100142
营销中心电话：010－88191522　编辑部电话：010－88190957
天猫网店：中国财政经济出版社旗舰店
网址：https://zgczjjcbs.tmall.com
涿州汇美亿浓印刷有限公司印刷　各地新华书店经销
成品尺寸：170mm×230mm　16开　15印张　227 000字
2023年8月第1版　2025年5月河北第2次印刷
定价：41.00元
ISBN 978－7－5223－2286－5
（图书出现印装问题，本社负责调换，电话：010－88190548）
本社质量投诉电话：010－88190744
打击盗版举报热线：010－88191661　QQ：2242791300

《期货交易者教育系列丛书》编委会

编委会委员： 王明伟　　陈东升　　吴亚军　　王　颖
　　　　　　　冉　丽　　孙明福

执行编委： 董文旭　　刘方媛
编撰人员： 谢长进　　楼家豪　　李艳婷　　张亦宁
　　　　　　　刘开友

前　言

我国期货市场经过 30 多年发展，经历了从无到有、从小到大、从乱到治，走出了一条独具特色的道路，取得了令人瞩目的成就。30 多年来，期货市场的规则体系不断完善，品种创新有序推进，风险管理工具进一步丰富，对外开放进程明显加快。期货市场的规模稳步扩大，市场交易者结构逐步优化，资产管理和风险管理等创新业务探索取得初步成效。期货市场整体运行质量和效率不断提高，价格发现和风险管理的基础功能得到发挥，在优化资源配置，促进产业升级，助力脱贫攻坚和维护国家经济金融安全等方面发挥着越来越重要的作用。

随着我国期货市场规模的不断发展壮大，新的市场参与者特别是个人交易者规模呈持续上升趋势。交易者是期货市场的重要主体，期货市场的发展离不开交易者的积极参与。中小投资者是我国现阶段资本市场的主要参与群体，但处于信息弱势地位，抗风险能力和自我保护能力较弱，合法权益容易受到侵害。维护中小投资者合法权益是证券期货监管工作的重中之重，关系广大人民群众的切身利益，是资本市场持续健康发展的基础。因此，当前我国期货市场正处于快速发展时期，做好期货交易者教育工作意义深远。

2013 年，《国务院办公厅关于进一步加强资本市场中小投资者合法权益保护工作的意见》（以下简称《意见》）发布，指出要强化中小投资者教育，加大普及证券期货知识力度。将投资者教育逐步纳入国民教育体系，有条件的地区可以先行试点。充分发挥媒体的舆论引导和宣传教育功能。证券期货经营机构应当承担各项产品和服务的投资者教育义务，保障费用支出和人员配备，将投资者教育纳入各业务环节。提高投资者风险防范意识。自律组织应当强化投资者教育功能，健全会员投资者教育服务自律规则。中小投资者应当树立理性投资意识，依法行使权利和履行义务，养成良好的投资习惯，不听信传言，不盲目跟风，提高风险防范意识和自我保护能力。2019年3月，中国证监会、教育部联合印发了《关于加强证券期货知识普及教育的合作备忘录》（以下简称《合作备忘录》），旨在学校教育中大力普及证券期货知识，推动全社会树立理性投资意识，提升国民投资理财素质，维护社会和谐稳定。2022年8月1日，《期货和衍生品法》正式施行，确立期货交易者权益保护制度，构建交易者保护体系，加大普通交易者保护力度。

随着《意见》的深入贯彻和落实，我国中小投资者保护工作取得了积极成效，围绕期货交易者教育工作，期货市场的监管部门、自律组织与中介机构都深入进行了大量形式多样、内容丰富、卓有成效的工作。由中国期货业协会组织编写的本套《期货交易者教育系列丛书》，就是协会按照中国证监会的统一部署，贯彻落实期货交易者教育工作的重要措施之一，也是协会积极响应《关于加强证券期货知识普及教育的合作备忘录》的要求，推动期货知识进校园、进课堂、纳入国民教育体系的切入点。本丛书是为期货交易者编写的一套普及性读物，以广大普通交易者为服务对象，兼顾了专业机构的需求，采取简单明了的问答式体例，在语言上力争做到深入浅出、通俗易懂、可读性强。衷心地希望本丛书的出版能够为期货交易者了解期货市场、树立风险意识、理性参与期货交易提供有益的帮助。

在此，我们对所有在本丛书编写和出版过程中付出辛勤劳动的朋友表示衷心感谢。由于编写时间紧迫，书中错误和疏漏在所难免，恳请读者批评指正。

中国期货业协会

2023年8月

目 录

第一章　带你认识焦煤焦炭　/ 1
　　一、什么是焦煤、焦炭？　/ 1
　　二、焦煤、焦炭是如何生产的？　/ 4
　　三、焦煤的分类和用途有哪些？　/ 6
　　四、焦炭的分类和用途有哪些？　/ 8
　　五、焦炭在高炉炼铁中起到了什么作用？　/ 9
　　六、如何认识焦煤焦炭的产业链结构？　/ 10
　　七、焦煤焦炭在我国流通贸易情况如何？　/ 11
　　八、焦炭的生产成本构成是怎么样的？　/ 15
　　九、焦煤的储量和产量是怎样分布的？　/ 17
　　十、焦炭的产量是怎样分布的？　/ 20
　　十一、我国煤焦的消费情况怎么样？　/ 22
　　十二、我国为什么要控制焦炭出口？　/ 25
　　自测题　/ 26
　　参考答案　/ 28

第二章　了解焦煤焦炭期货　/ 29
　　一、焦煤焦炭作为期货品种有什么商品特性？　/ 29
　　二、交易所上市交易焦煤焦炭期货品种对市场有什么功能
　　　　和作用呢？　/ 33
　　三、市场上有哪些投资主体参与焦煤焦炭期货交易？　/ 35

四、如何解读大连商品交易所焦煤焦炭期货合约？／36

五、什么是期货主力合约？／39

六、如何进行期货的交易？／40

七、客户无法正常下单进行期货交易的几种可能原因？／45

八、怎么计算期货交易中被合约占用的客户保证金？／47

九、期货交易的保证金是不是动态变化的？／48

十、什么情况下会被要求追加期货的保证金？／50

十一、如何理解期货交易限仓制度？／51

十二、在期货交易过程中，什么情况下会发生强行平仓？／53

自测题 ／55

参考答案 ／56

第三章 影响焦煤焦炭期货价格的主要因素 ／57

一、焦煤焦炭历史价格走势有何特点？／57

二、影响煤焦价格波动的主要因素有哪些？／60

三、宏观经济形势对煤焦价格的影响重要吗？／61

四、如何从库存数量来判断煤焦市场的供求关系？／65

五、行业现状对煤焦价格的影响？／67

六、焦煤价格的波动对焦炭价格会产生什么影响？／69

七、钢材价格的波动对焦炭价格会产生什么影响？／70

八、进出口政策变动对煤焦价格的影响如何？／74

九、产业规划如何影响煤焦价格？／76

十、贸易流通对煤焦价格有什么影响？／80

十一、市场人气对煤焦价格有什么影响？／81

十二、焦煤和焦炭是否存在相对价值？／83

自测题 ／83

参考答案 ／85

第四章　生产企业如何利用焦煤焦炭期货　/ 86

一、什么是期货的套期保值？　/ 86

二、企业利用期货套期保值有哪些优势？　/ 92

三、相关企业套期保值的基本策略包括哪些？　/ 93

四、企业在生产经营中对套期保值的定位应该是什么样的？　/ 96

五、当价格下跌、库存高企、资金缺乏、库存贬值时，煤焦生产企业该如何应对？　/ 98

六、企业如何运用期货提前销售？　/ 103

七、煤焦生产企业如何运用期货为库存保值？　/ 105

八、如何利用期货解决库容紧张问题？　/ 106

九、什么是基差？判断基差变化对期货套期保值效果有何影响？　/ 108

十、如何看待套期保值操作中期货部位的盈亏？　/ 113

十一、期货套期保值不当会引起什么损失？　/ 113

十二、企业如何进行套期保值的会计处理？　/ 118

十三、期货交割增值税有哪些规定？　/ 125

自测题　/ 127

参考答案　/ 129

第五章　焦炭贸易商和钢材企业如何利用焦煤焦炭期货　/ 130

一、贸易商利用期货市场有何优势？　/ 131

二、贸易商在采购和销售中存在什么风险敞口？　/ 132

三、贸易商如何利用期货市场库存保值？　/ 133

四、贸易商如何利用期货市场提前建立库存？　/ 134

五、当销售困难时，贸易商如何寻求退路？　/ 136

六、贸易商如何利用期货市场为已签订的购销合同规避价格风险？　/ 138

七、贸易商怎样利用期货市场融资？　/ 140

八、贸易商如何进行期现套利？　/ 143

九、钢材企业参与焦煤焦炭期货有何必要？／152

十、钢材企业怎样保护利润不被焦煤焦炭价格上涨侵蚀？／153

十一、钢材企业如何利用期货市场降低原料库存贬值的
风险？／154

十二、钢材企业在流动资金不足的情况下如何利用期货市场
提前订购原料或锁定成本？／156

十三、企业参与套期保值需要注意哪些问题？／158

自测题／159

参考答案／160

第六章　焦煤焦炭期货的实物交割／161

一、为什么要进行期货交割？／161

二、什么是标准仓单？焦煤焦炭的标准仓单有哪些用途？／162

三、焦煤焦炭的交割仓库在哪里，企业如何选择交割仓库？／168

四、什么是交割结算价？／174

五、企业进行期货交割的具体操作是怎样的？／175

六、库存高企，销售不畅时企业如何在期货市场卖出交割
保值？／181

七、钢材企业如何通过买入交割的方式完成套期保值？／183

八、焦煤焦炭交割环节产生的费用如何计算？／186

九、期转现业务是什么？如何进行期转现交易？／187

十、什么样的焦煤焦炭可以进行实物交割？／192

自测题／193

参考答案／195

第七章　期货的投机交易／196

一、期货交易与股票交易有什么不同？／196

二、如何依据基本面分析进行期货交易？／198

三、期货交易是否可以运用技术分析方法？／203

四、如何运用简单移动平均线来进行期货交易？ / 204

五、如何运用布林线指标来进行焦炭期货交易？ / 206

六、如何培养正确的交易理念和习惯？ / 209

七、期货交易中如何进行资金管理？ / 210

八、如何控制期货投资中的风险？ / 213

九、在期货交易中，除了单一品种投机之外，是否还有其他的投资方法？ / 216

自测题 / 217

参考答案 / 219

后记 / 220

第一章

带你认识焦煤焦炭

本章要点

> 本章主要带投资者了解什么是焦煤和焦炭、开采焦煤用于焦炭生产的工艺流程以及焦煤和焦炭的分类和用途;介绍了煤焦的产业链以及焦煤和下游焦炭的生产消费情况、焦煤焦炭在国内的贸易流通和进出口政策等。为帮助投资者了解和参与焦煤、焦炭期货做好必要的准备。

 一、什么是焦煤、焦炭?

煤炭是古代植物埋藏在地下经历了复杂的生物化学和物理化学变化逐渐形成的固体可燃性矿物。依据煤化程度从低到高,煤炭可分为泥炭、褐煤、烟煤、无烟煤四大类;炼焦煤的煤种只能为部分烟煤。

焦煤也称冶金煤，又名主焦煤，是中等及低挥发分的中等黏结性和强黏结性的一种烟煤，属于中等变质烟煤。焦煤具有黏结性强的特点，能炼出强度大、块度大、强度高、裂纹少的优质焦炭，是炼焦的最好原料。

焦煤常态下呈黑色，条痕为灰黑色，致密而脆，且有玻璃光泽和贝壳状或平整状断口；一般含碳80%～85%，氢4%～5%，氧5%～10%。发热量8000～8500千卡/千克；挥发物为14%～30%，胶质层厚度为8～25毫米。

中国煤炭分类标准GB5751-86规定焦煤分两类。

第一类焦煤的标准是：

干燥无灰基挥发分Vdaf=10%～28%；

黏结指数G>65；

胶质层最大厚度y≤25mm；

结焦性特别好，可以单独炼出合格的高炉焦。

第二类焦煤的标准是：

干燥无灰基挥发分Vdaf=20%～28%；

黏结指数G=50～65；

结焦性比第一类差。

第二类焦煤具有中等挥发分和较好的黏结性，是典型的炼焦煤，在加热时能形成热稳定性很好的胶质体。单独炼焦时能得到块度大、裂纹少、抗碎强度高的焦炭，其耐磨性也好，但产生的膨胀压力大，会造成推焦困难，必须配入气煤、瘦煤等，以改善操作条件和提高焦炭质量。在炼焦配合煤中焦煤可以起到焦炭骨架和缓和收缩应力的作用，从而提高焦炭机械强度，是优质的炼焦原料。

焦煤（见图1-1）作为最具代表性的炼焦煤，连接着煤、焦、钢三个产业，在产业链条上具有重要地位。能用于交割的焦煤必须是经过洗煤厂洗选后的精煤，并且利用镜质体反射率标准差指标严格限定为单一煤种，同时利用小焦炉实验手段来确保其具有足够的结焦性。

图1-1 焦煤

焦炭是烟煤在隔绝空气的条件下，加热到950℃~1050℃，经过干燥、热解、熔融、黏结、固化、收缩等阶段最终制成的产物。焦炭是银灰色至银黑色坚硬多孔固体，含碳96%以上，热值约29×10^3千焦/千克，特征通常表现为质地坚硬、多孔、呈银灰色并有不同粗细裂纹的炭质固体块状材料，其相对密度为1.8~1.95，堆积密度为400~520千克/立方米，肉眼可以观察到明显的纵横裂纹。

根据原料煤的性质和干馏的条件，可将焦炭划分为不同规格和质量，通常按用途将其分为冶金焦、气化焦和电石用焦等。在冶金焦中，用于高炉炼铁的称为高炉焦，用于冲天炉熔铁的称为铸造焦。冶金焦是高炉焦、铸造焦、铁合金焦和有色金属冶炼用焦的统称，90%以上的冶金焦均用于高炉炼铁，因此高炉焦炭常被称为冶金焦炭。

铸造焦是专用于化铁炉熔铁的焦炭。铸造焦是化铁炉熔铁的主要燃料。其作用是熔化炉料并使铁水过热，支撑料柱保持其良好的透气性。因此，铸造焦应具备块度大、反应性低、气孔率小、足够的抗冲击破碎强度、灰分和硫分低等特点。

为保证焦炭（见图1-2）质量，选择炼焦用煤的最基本要求是挥发分、黏结性和结焦性；绝大部分炼焦用煤必须经过洗选，以保证尽可能低的灰分、硫分和磷含量。选择炼焦煤时，还必须注意煤在炼焦过程中的膨胀压力。用低挥发分煤炼焦，由于其胶质体黏度大，容易产生高膨胀压力，会对焦炉砌体造成损害，需要通过配煤炼焦来解决。

图1-2 焦炭

二、焦煤、焦炭是如何生产的？

世界上最早发明铸铁（生铁）冶炼技术的国家是中国（也有理论认为炼铁技术最早出现在公元前 2000 年的西亚地区）。我国春秋时期已炼出生铁，而欧洲则是公元 14 世纪。我国战国早期已有可锻铸铁制造的铁器，欧洲 17 世纪才炼出可锻铸铁。我国商代的青铜器和春秋战国时代铁器的冶炼开始使用木炭，魏晋南北朝时期开始用煤炼铁，北宋时期开始用焦煤生产钢铁，而到明代已用焦炭冶炼金属。我国是世界上最早使用焦煤和焦炭的国家，而欧洲直到 18 世纪初才开始炼焦。

焦煤是一种天然沉积岩，存储于地壳中，演变自史前植物，历经数百万年的高温、高压，逐渐蜕变而来。焦煤蕴含的能量，源自数百万年前植物吸收的阳光，后人需要将其从地下开采出来。

焦煤的开采一般分为地下开采和露天开采。地下开采使用长壁采煤机等设备在地层深处进行开采，开采出来的原煤会通过传送带运送到地面；而露天开采的焦煤一般需要先爆破，移除煤炭表层土壤和岩石，再使用挖掘机、牵引机、铲车和矿车等进行煤炭开采。焦煤因为要用来炼焦炭，需要是煤化程度高、结焦性好的烟煤。所以，焦煤比较稀缺。据国家安监局统计，我国炼焦煤储量占我国煤炭总储量的 20%～25%。

在焦炭的生产中，主焦煤的配入比例一般存在下限要求，一般比例为 30%～50%，即每生产 1 吨焦炭大约需要消耗焦煤 1.33 吨。焦炭作为炼铁的三大原料之一，它的出现对工业生产影响较大，它与蒸汽机、铁和钢一样，被认为是促成第一次工业革命技术加速发展的四项主要因素之一。

人们对现代焦炭的生产工艺进行了大幅度的改良，主要的生产过程可以分为洗煤、配煤、炼焦和产品处理等工序（见图 1-3）。

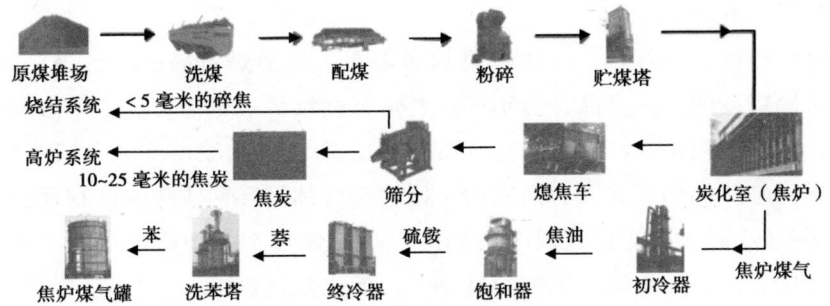

图1-3 炼焦工艺流程及主要设备

1. 洗煤

原煤在炼焦之前，先进行洗选，目的是降低煤中所含的灰分和去除其他杂质，以及避免在温度较高的环境下烟尘和碎块在运输过程中发生自燃。

2. 配煤

将各种结焦性能不同的煤按一定比例配合炼焦，目的是在保证焦炭质量的前提下，扩大炼焦用煤的使用范围，合理地利用国家资源，并尽可能地多得到一些化工产品。

3. 炼焦

将配合好的煤装入炼焦炉的炭化室（见图1-4），在隔绝空气的条件下通过两侧燃烧室加热干馏，经过一定时间，最后形成焦炭。

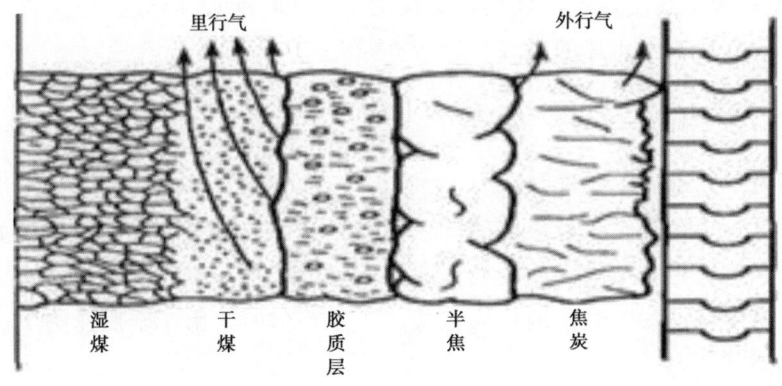

图1-4 炭化室内成焦过程

4. 炼焦的产品处理

将炉内推出的红热焦炭送去熄焦塔熄火,然后进行破碎、筛分、分级,获得不同粒度的焦炭产品,分别送往高炉及烧结等。熄焦方法有干法和湿法两种:湿法熄焦是把红热焦炭运至熄焦塔,用高压水喷淋60~90秒;干法熄焦是将红热的焦炭放入熄焦室内,用惰性气体循环回收焦炭的物理热,时间为2~4小时。在炼焦过程中还会产生炼焦煤气及多种化学产品。焦炉煤气是烧结、炼焦、炼铁、炼钢和轧钢生产的主要燃料。

三、焦煤的分类和用途有哪些?

通常,我们将具有一定的黏结性,在室式焦炉炼焦条件下可以结焦,用于生产一定质量焦炭的原料煤统称为炼焦煤。根据我国的煤炭分类标准,烟煤中的气煤、肥煤、气肥煤、1/3焦煤、焦煤、瘦煤和贫瘦煤都属于炼焦煤。

我国炼焦煤各煤种的储量不均匀,气煤(包括1/3焦煤)最多,达1282.12亿吨,占炼焦煤查明资源储量的45.73%,其次为焦煤,占比为23.61%,瘦煤和肥煤各占炼焦煤储量的15.89%和12.81%。

以下分别对炼焦煤的各煤种进行介绍[①]。

(一)焦煤

用途:基础炼、焦配煤。

特点:焦煤是结焦性最好的炼焦用煤,它的碳化程度高、黏结性好,加热时能产生热稳定性很高的胶体。如用焦煤单独炼焦,能获得块度大、裂纹少、强度高、耐磨性好的优质焦炭。单独炼焦时,由于膨胀压力大,易造成推焦困难。

---

① 上海证券报:《炼焦煤的分类与用途——焦煤基础知识专栏》。

（二）肥煤

用途：基础炼、焦配煤。

特点：肥煤是黏结性最强、中等煤化程度的煤，加热时能产生大量胶质体。用肥煤单独炼焦能产生熔融性好、强度高的焦炭，但焦炭的横裂纹多，气孔率高，易碎，因此多与黏结性较弱的气煤、瘦煤或弱黏煤等配合炼焦。

（三）1/3焦煤

用途：基础炼、焦配煤。

特点：1/3焦煤是介于焦煤、肥煤和气煤之间的过渡煤。1/3焦煤是具有中高挥发分的强黏结性煤，用这种煤单独炼焦时，能生成熔融性良好、强度较高的焦炭。炼焦时，1/3焦煤的配入量可在较宽范围内波动，都能获得强度较高的焦炭，这种煤也是良好的炼焦配煤中的基础煤。

（四）瘦煤

用途：基础炼、焦配煤。

特点：瘦煤是煤化程度最高的炼焦煤，它的挥发分低，受热后产生的胶质体数量比焦煤少，且软化程度高。用瘦煤单独炼焦时，能得到块度大、裂纹少、抗碎强度较好的焦炭，但这种焦炭的耐磨强度较差，瘦煤用作炼焦配煤效果较好。

（五）气肥煤

用途：基础炼、焦配煤。

特点：气肥煤是一种挥发分和胶质体厚度都很高的强黏性肥煤。气肥煤结焦性介于肥煤和气煤之间，单独炼焦时能产生大量气体和液体化学产品。

（六）气煤

用途：基础炼、焦配煤。

特点：气煤是碳化程度最低的炼焦煤，加热时能产生较多的挥发分和焦油，胶质体的热稳定性低于肥煤。气煤也能单独炼焦，但焦炭的抗碎强度和耐磨强度较差，焦炭多呈细长条且易碎，并有较多的纵裂纹。配煤炼焦时多配入气煤，可增加产气率和化学产品回收率。

 四、焦炭的分类和用途有哪些？

焦炭主要用于高炉炼铁和铜、铅、锌、钛、锑、汞等有色金属的鼓风炉冶炼，起还原剂、发热剂和料柱骨架的作用。炼铁高炉采用焦炭代替木炭，为现代高炉的大型化奠定了基础，是冶金史上的一个重大里程碑。为使高炉操作达到较好的技术经济指标，冶炼用焦炭必须具有适当的化学性质和物理性质，包括冶炼过程中的热态性质。焦炭除大量用于炼铁和有色金属冶炼外，还用于铸造、化工、电石和铁合金，其质量要求有所不同。如铸造用焦，一般要求粒度大、气孔率低、固定碳高和硫分低；化工气化用焦，对强度要求不严，但要求反应性好，灰熔点较高；电石生产用焦要求尽量提高固定碳含量。

焦炭按用途通常可分为冶金焦（包括高炉焦、铸造焦和铁合金焦等）、气化焦和电石用焦等。

冶金焦是高炉焦、铸造焦、铁合金焦和有色金属冶炼用焦的统称。其中，高炉焦占到冶金焦的90%以上。气化焦是专用于生产煤气的焦炭，主要用于固态排渣的固定床煤气发生炉内，作为气化原料，生产以CO和H_2为可燃成分的煤气。气化焦要求灰分低、灰熔点高、块度适当和均匀。冶金焦虽可以用作气化焦，但受炼焦煤资源和价格等限制，一般不用冶金焦制气。以高挥发分黏结煤为原料生产的气煤焦，块度小、强度低，不适用于高炉冶炼，但它的气化反应性好，可取代气化焦用于制气。

电石用焦是在生产电石的电弧炉中作导电体和发热体用的焦炭。电石用焦加入电弧炉中，在电弧热和电阻热的高温（1800℃~2200℃）作用下，和石灰发生复杂的反应，生成熔融状态的炭化钙（电石）。其生成过程可用下列反应式表示：

$$CaO + 3C \rightarrow CaC_2 + CO$$

电石用焦应具有灰分低、反应性高、电阻率大和粒度适中等特性，还要尽量除去粉末和降低水分。其化学成分和粒度一般应符合如下要求：固定碳大于 84%，灰分小于 14%，挥发分小于 2.0%，硫分小于 1.5%，磷分小于 0.4%，水分小于 1.0%，粒度根据生产电石的电弧炉容量而定。

五、焦炭在高炉炼铁中起到了什么作用？

炼铁过程实质上是将铁从其自然形态——矿石等含铁化合物中还原出来的过程。炼铁方法主要有高炉法、直接还原法、熔融还原法等，后两者也称为非高炉法炼铁（见图 1-5），不使用焦炭。

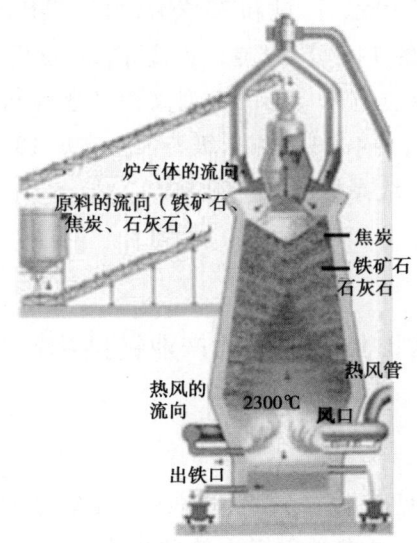

图 1-5　高炉炼铁

焦炭是高炉炼铁必不可少的原料，起到了发热剂、还原剂、骨架支撑和渗碳剂以及为炉料下降提供自由空间等作用。

焦炭在风口前燃烧放出大量热量并产生煤气，煤气在上升过程中将热量传给炉料,使高炉内的各种物理化学反应得以进行,同时焦炭燃烧过程产生的一氧化碳及焦炭中的固定碳起到把铁矿石中的铁还原出来的作用。在料柱中,焦炭的体积通常要占 1/3～1/2,尤其是在高炉下部高温区只有焦炭是以固体状态存在,它对料柱起骨架作用,高炉下部料柱的透气性完全由焦炭来维持,因此,焦炭的机械强度非常重要。如果没有足够的冷强度和热强度,在炉料下降到风口之前,焦炭就被压成碎末,堵塞炉料的空隙,影响高炉的透气性。

通常,冶炼 1 吨生铁需要 1.5～2.0 吨铁矿石,0.4～0.6 吨焦炭,0.2～0.4 吨熔剂。一般来讲,焦比越低越好,但是焦比的高低受到很多因素制约,比如设备的先进程度、高炉的体积、原燃料的好坏、操作人员的技术水平、冶炼工艺的先进程度等。近 20 年来,通过工艺技术创新和装备技术进步,高炉主要技术经济指标不断得到改善和优化。燃料比和焦比分别从 2000 年的 547 公斤/吨、429 公斤/吨降低到 2019 年的 528 公斤/吨、356 公斤/吨,相应地下降了 19 公斤/吨和 73 公斤/吨;煤比也从 2000 年的 118 公斤/吨升高到 2019 年的 145 公斤/吨,提高了 27 公斤/吨。据不完全统计,截至 2019 年末,2000 立方米以上的大型高炉已达到 90 余座,其中 5000 立方米以上巨型高炉 8 座,4000 立方米级特大型高炉 18 座,3000 立方米级高炉 18 座,2000 立方米级高炉 48 座①。

 六、如何认识焦煤焦炭的产业链结构?

焦炭的产业链(见图 1-6)可以描述为炼焦煤—焦炭—钢铁,焦炭的上游是炼焦煤,炼焦煤是煤化程度中等的煤炭,主要是烟煤,分类包括瘦煤、焦煤、肥煤和气煤等,焦炭由这些炼焦煤经过适当比例的调配后高温焦化而成。焦炭的下游包括钢铁行业、化工行业、有色金属冶炼行业等,而钢

---

① 首钢集团有限公司:"现代高炉实现低碳绿色炼铁的技术途径",《技术文摘》。

铁行业对焦炭的消费在80%以上,对焦炭的影响最大。

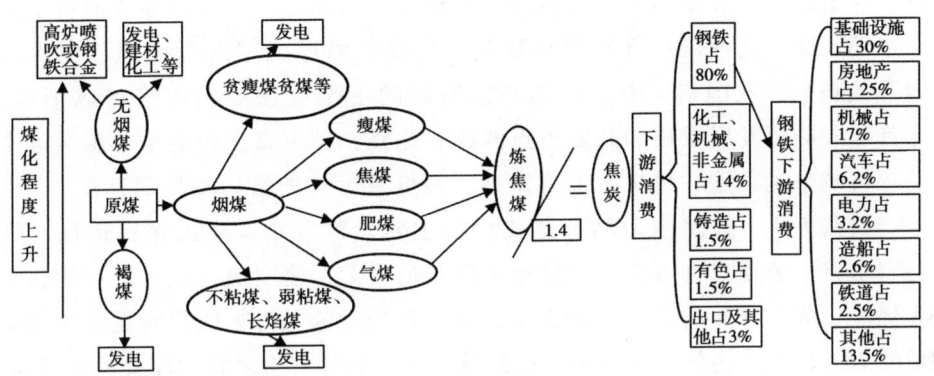

图1-6 焦炭的产业链图

炼焦煤作为生产焦炭的主要原料,占焦炭生产成本的90%左右,因此其价格走势能很好地反映焦炭行业成本的变动情况,对焦炭价格具有较强的引导作用。而焦炭作为炼钢过程中仅次于铁矿石的第二大生产原料,钢铁行业的消费近年来也占据了焦炭消费的80%左右,当下游钢铁行业景气度上升时,钢厂利润增加,产量提高,就会带动焦炭需求,并抬高焦炭市场价格;反之,焦炭价格将下跌。

七、焦煤焦炭在我国流通贸易情况如何?

(一) 焦煤的内贸流通

我国的焦煤贸易主要以长期协议为主,多用于焦炭的洗炼。国内的焦炭生产企业主要分为独立焦化企业和钢铁企业自有焦化企业,钢铁企业生产焦炭所需焦煤几乎全部需要从焦煤生产企业购买。除部分焦煤主产地的大型独立焦化企业拥有自有焦煤资源外,其他焦化企业所需焦煤资源也需要购买。

焦煤内贸流通总体为从北向南，自西向东的格局。我国焦煤资源北多南少、西富东贫，焦煤的生产与供应基本在中、西部地区，而焦煤的消费主要在东部地区，这种错位性布局导致我国焦煤运输形成"北煤南运、西煤东运"的格局，我国东、中、西部经济发展的不平衡在短期内将难以消除，尤其随着能源发展战略和开发重点西移和北移，长距离、大运量的煤炭运输任务将越来越繁重，焦煤"北煤南运、西煤东运"的格局将长期存在。

铁路为主，铁路水运结合是焦煤的主要运输方式。我国煤炭运输有铁路、水路、公路三种方式。铁路运输以其运力大、速度快、成本低、能耗小等优势，成为煤炭的主要运输方式，铁路煤炭运输量占全国煤炭运输总运输量的70%以上，占铁路总货物运量的近50%。相邻省份之间的煤炭短途运输，及煤炭在生产企业与铁路、港口和用户之间的中转运输多采用公路运输的方式，其对铁路运输和水运起到了补充作用。对于山西省，公路运输量约占煤炭外运量的25%。水运方便且成本低于铁路，同时可以不受铁路运力瓶颈影响，因此中国煤炭运输主要采取铁路运输为主、公路运输为辅，铁路水运结合的方式，先通过铁路运输到沿海、沿江港口，再水路运输至南方消费地区。

我国焦煤主要产于山西、河南、内蒙古、黑龙江，以及西南地区的贵州、四川和重庆等地，这些地区一直是我国焦煤调出的最主要和最集中的地区，铁路运输是上述地区焦煤运出的主要方式。河北、山东、辽宁作为我国的第一、第二和第四钢铁生产大省，对焦煤的需求很大，但省内焦煤储量及产量有限，存在较大的焦煤供给缺口，是主要的焦煤调入省份。

（二）焦炭的内贸流通

我国焦炭的贸易量绝对数值比较大，2019年独立焦化企业的产量为4.71亿吨，据估算，独立焦化厂共生产焦炭3.3亿吨左右，钢铁企业生产焦炭1.11亿吨左右。

焦炭的国内贸易以买卖双方直接交易的方式为主。高炉顺行关系到钢厂的生产成本，大多数钢厂都要求焦炭采购渠道尽可能明确固定，质量尽可能稳定，所以焦炭贸易以买卖双方直接交易的方式为主，买卖双方尽可能维护稳定的伙伴关系。一方面，近年国家对钢铁、焦化行业治理整合力度很大，企业规模普遍增大，双方有实力直接建立贸易伙伴关系，大部分贸易合同由双方直接签订，不经过中间贸易商。另一方面，焦炭在搬倒运输过程中会出现较多的损耗，交易双方都尽量避免增加中转环节，大多数货物从焦化厂直接运到钢厂。从近年天津港、连云港、日照港的国内中转数量看，焦炭流经港口集散地的总量接近1500万吨，约占国内贸易总量的7%。不具备铁路专用线的焦化厂通过附近的铁路集运站向钢厂集中发运，也并非由中间商开展间接贸易。所以，焦炭内贸以直接交易方式为主。近年来，受到出口下滑的影响，原先专门从事焦炭出口贸易的大型贸易企业逐渐把业务重心转向国内，其中不乏多家中字头的国有企业，还有很多各主产省的大型国有贸易公司。这些企业当中很多都从事综合炉料贸易，不仅向钢铁企业提供焦炭，还提供铁矿石、石灰石等其他商品，与钢铁企业的关系非常紧密，他们将对活跃国内市场发挥重要作用。原有的焦炭贸易商大多针对中小型钢厂和焦化厂开展经营，规模虽然偏小，但是由于定位合理，仍然具有生存空间。

焦炭内贸流通区域内以公路为主，区域间水路和铁路并举（见图1-7）。目前，国内焦炭流通过程中的运输方式主要有三种：铁路运输、公路运输及水路运输。铁路适用于运距在500~1500公里的长距离运输，公路是运距在500公里之内的主要运输方式。与汽运相比，铁路运输成本相对便宜。海运的费用最低，而且装载量大，受其他环境的影响较小，但是海运要求供货商必须准备足够的货源，集港时间较短，物流环节较多，对焦炭粒度有一定的破坏。铁路和公路的运量都比较大，但由于铁路长途运费更低，当运力有保障时，远距离运输大多采用铁路方式。对于更长的距离，运输方式通常采用铁路、公路与海河联运的形式。

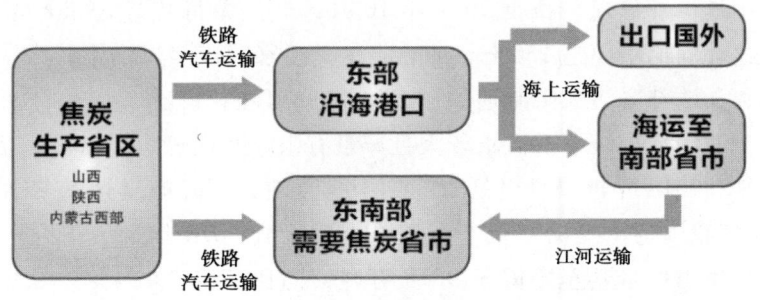

图1-7 国内焦炭运输流向及方式

资料来源：大连商品交易所。

焦炭内贸流通总体为从北向南，自西向东的格局。目前，国内焦炭流通格局包括两个大的方面。一是主流向，主要包括三条路径：第一，焦炭由主产地山西、陕西等地通过铁路和公路向华北、华东等地区的流通；第二，焦炭由山西、陕西及其他北方省份通过铁路、公路运到天津港、连云港、日照港后，再经水路销往华东、中南地区；第三，焦炭由北向南、以华北为枢纽，向较临近省份或地区流通，如华北地区的焦炭销往华东地区和中南地区，中南地区北部地区向其南部、华东地区销售等。主流向的特点是运输距离长，数量大。二是区域性的焦炭流通，主要是东北地区和西南、中南地区的小范围流通，以及各邻近地区、省份之间与主流向不一致的焦炭流通，其特点是运输距离较短，数量较小，不构成国内焦炭流通的主要流向。

（三）焦煤焦炭的进出口贸易情况

我国炼焦煤的进口依赖度在 10%～15%，而且进口的多是作为骨架的主焦煤。如果仅计算主焦煤的进口依赖度，这一数字将上升至 35%。我国主要的炼焦煤进口国是澳大利亚和蒙古国。2020 年两者进口量分别为 3500 万吨和 2400 万吨，占总进口量的 49% 和 33%。受中澳两国经贸关系恶化的影响，澳煤自 2020 年底之后便禁止通关，2021 年全年仅有少量已经卸港的澳煤流入市场。蒙煤的进口受疫情的影响，通关车数大幅下降，往年最高通关车数在 1000 车左右，而 2021 年大部分时间均在 400 车以下。截至 2021 年 10 月，蒙煤累计进口量降幅达 40%。

除了蒙古国、澳大利亚之外，我国还从俄罗斯、美国、加拿大、印度尼西亚等国进口炼焦煤。截至 2021 年 10 月，非澳蒙炼焦煤进口量增加 1500 万吨，累计同比增幅达 150%。虽然非澳蒙国家的炼焦煤增幅较大，但其基数较小，无法补齐澳煤限制通关形成的 3500 万吨缺口。

由于我国炼焦煤下游需求较大且产量有限，我国炼焦煤出口量始终维持较低水平，2018 年出口量更是下降到 108 万吨，下降幅度达 53% 左右。虽然 2019 年我国炼焦煤出口量有所回升，但是到 2020 年继续下降，2021 年中国炼焦煤出口量甚至下降至 9.18 万吨，同比下降 89.54%。炼焦煤出口量的大幅度下滑，一方面是由于国内炼焦煤进口量的下降，使得炼焦煤主要满足了内需；另一方面是因为炼焦煤价格的上升，使得我国主要的炼焦煤进口国日本和韩国，都不同程度地减少了炼焦煤进口量。

中国是全球焦炭重要的出口国之一，我国焦炭的出口量明显大于进口量。2021年中国焦炭及半焦炭进口量为133.34万吨，进口金额为45059.36万美元；出口量为644.93万吨，出口金额236470.31万美元。

分省市来看，2021年天津焦炭及半焦炭出口量为219.95万吨，占全国焦炭及半焦炭出口总量的34.10%，占比最大；山东焦炭及半焦炭出口量为87.81万吨，占全国焦炭及半焦炭出口总量的13.62%；北京焦炭及半焦炭出口量为86.40万吨，占全国焦炭及半焦炭出口总量的13.40%。2021年福建焦炭及半焦炭进口量为43.79万吨，占全国焦炭及半焦炭进口总量的32.84%，占比最大；北京焦炭及半焦炭进口量为19.26万吨，占全国焦炭及半焦炭进口总量的14.45%；山东焦炭及半焦炭进口量为16.13万吨，占全国焦炭及半焦炭进口总量的12.09%。

从出口目的地来看，2021年中国出口至日本的焦炭及半焦炭出口量为206.76万吨，占全国焦炭及半焦炭出口总量的32.06%，占比最大；出口至印度尼西亚的焦炭及半焦炭出口量为80.22万吨，占全国焦炭及半焦炭出口总量的12.44%；出口至印度的焦炭及半焦炭出口量为69.05万吨，占全国焦炭及半焦炭出口总量的10.71%。

从进口来源国/地区来看，2021年中国从日本进口焦炭及半焦炭的进口量为82.71万吨，占全国焦炭及半焦炭进口总量的62.03%，占比非常大；从波兰进口焦炭及半焦炭的进口量为14.58万吨，占全国焦炭及半焦炭进口总量的10.93%；从韩国进口焦炭及半焦炭的进口量为10.37万吨，占全国焦炭及半焦炭进口总量的7.77%。

 八、焦炭的生产成本构成是怎么样的？

成本是制定价格的最低经济界限，生产焦炭的成本主要包括原料成本、设备磨损、人工、电耗、折旧等，再减去回收的煤焦油和焦炉煤气等副产品。如果按吨焦成本来算，1.33吨精煤可以生产1吨焦炭，那么其原料成本就是算出1.33吨配合煤的成本，也就是各单种煤成本之和，这是原料成本。如果是总的生产成本的话，再加上其他项的费用即可。近几年，焦炭成本构成发生了很大变化。煤炭价格的大幅提高，直接增加了焦炭的成本，同时其他原材料、辅助材料、职工工资等也有了较大提高。

根据中联钢的统计显示焦炭的成本构成一般分成5个部分，如表1-1所示。

表1-1　　　　　　　　　焦炭成本构成

序号	成本构成元素	占比	包括内容
1	焦煤成本	75%~90%	一般为5种洗精煤
2	制造成本	10%~25%	煤气可再利用
3	运输成本	4%~8%	矿区和港口煤运输成本
4	期间费用	3%~5%	财务管理和销售费用
5	副产品抵扣	10%~30%	焦炭副产和化产品

资料来源：中联钢。

在直接材料成本中，配比的不同会造成较大的变化。由于精煤配比不同，相应的焦炭产量也不同。一般是1.32~1.45吨洗精煤能够炼出1吨焦炭（含焦丁和焦粉）。配比用煤主要有7种，主要构成为贫瘦煤、瘦煤、主焦煤、1/3焦煤、气煤、气肥煤和肥煤。此外，根据企业的实际情况可考虑无烟煤、喷吹煤、煤泥、焦粉和石油焦等。

我国炼焦煤的储量并不丰富，占全国煤炭保有储量的比重不大，而且品种很不均衡，地区分布差异巨大。国内炼焦煤储量中1/3焦煤和气煤所占比例相对较多（46%），而主焦煤、瘦煤、肥煤等炼焦主要用煤所占比例相对较小，分别为23%、16%、13%。从国内炼焦煤储量区域分布来看，山西资源储量最多，占比约56%，其后分别为安徽（8.5%）、山东（6.1%）、贵州（3.6%）、黑龙江（3.5%）、河北（3.3%）等地。我国炼焦煤的煤质较差，可选性差，约62%的炼焦煤是难选和极难选煤，中灰、中硫煤和高硫焦煤、肥煤占炼焦煤总量的比例超过1/3。

不同的焦化厂有不同的配煤方法，尽量少用价格比较高的焦煤，多用瘦煤，这样可以降低成本，但是也要考虑炼成焦炭的品质，需要有一个最佳配

第一章 带你认识焦煤焦炭 17

比的比例。

其余成本相对较为固定,随市场行情变动较小。制造成本包括电费、直接人工、设备检修费用、机物料、大修及技改费用、劳保费用、折旧和其他。现在多数焦化企业采用回收尾气进行蒸汽发电的方式来降低用电成本。期间费用主要包括财务费用、管理费用和销售费用等,政府收费主要是包括水资源补偿和排污费等。副产品可抵扣成本约在10%以上。多数焦企副产品包括:焦油、粗苯、硫铵、焦炉煤气等,视深加工能力而有所不同,据调查副产品所带来的收益可以抵扣制造成本、运输费用及期间费用。

 九、焦煤的储量和产量是怎样分布的?

从全球焦煤储量分布来看(见图1-8),炼焦煤资源的50%分布在亚洲,25%分布在北美洲,其余25%分布在世界其他地区。从国别来看,储量从大到小排列依次是俄罗斯,占比为41%;中国,占比为23%;美国,占比为17%,其余国家占比较小,英国占比约为7%,澳大利亚、波兰、南非和印度分别约占2%,加拿大约占1%。

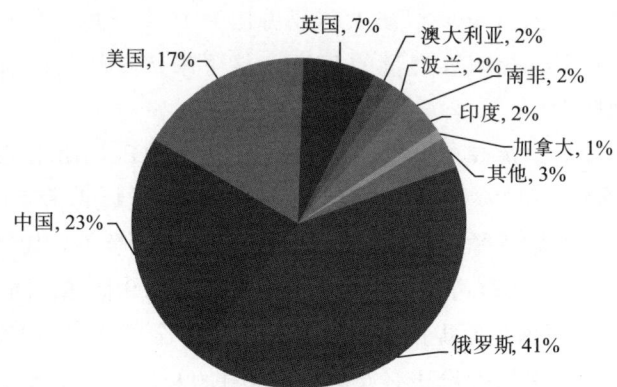

图1-8 世界炼焦煤可采储量分布

资料来源:我的钢铁网,信达期货研究所。

> **延伸阅读**
>
> **供需持续紧张，行业景气不止**
>
> 全球炼焦煤供给相对集中，澳大利亚是炼焦煤主要出口国。根据世界煤炭协会近几年数据，炼焦煤全球的贸易量约为3.2亿吨，其中澳大利亚出口量约为1.8亿吨，占比超50%，且其炼焦煤资源好（低灰、低硫），是国际优质炼焦煤主要供应国家，澳煤价格是全球主流的焦煤价格参考。接下来是美国、加拿大、俄罗斯、印度尼西亚、蒙古国等，这些国家储量丰富、煤质稳定。美国煤炭资源丰富，占世界储量的1/4，且资源分布较均衡，生产的炼焦煤约80%用于出口；加拿大炼焦煤储量丰富，品质良好，近年来出口到中国的数量逐年递增；俄罗斯煤炭储量丰富，炼焦煤资源不仅储量大且品种齐全，主要出口到日本、韩国及中国东北地区；这些国家焦煤出口定价一般以跟随澳煤价格为主。蒙古国煤炭大部分为炼焦煤，煤层埋藏浅、厚度大、易开采。近年来随着政府对煤矿及铁路等基础设施的投资建设，蒙古国焦煤的产能增长迅速，但因其运输受限（汽运），主要出口中国，价格走势主要受中国供需格局的影响。
>
> 资料来源：中泰证券。

2019年，全球炼焦煤产量10.07亿吨（见图1-9），从国别产量来看，中国炼焦煤产量占比为56%，澳大利亚占比为16%。澳大利亚和中国炼焦煤产量合计占世界炼焦精煤产量的72%。接下来产量较大的有美国、俄罗斯、加拿大和印度。

从产量角度看，炼焦煤产量主要集中在华北地区、西南地区和东北地区，山西省的产量最大。整体来看，我国炼焦原煤产量呈逐年上升趋势，受春节等因素影响，第一季度产量波动较大，其他月份全年较为平均，下半年产量要高于上半年。2021年全国炼焦精煤总产量为4.9亿吨，同比增长1%。

2021年，山西炼焦原煤产量为6.6亿吨，占全国产量（12.5亿吨）的53%，其他产量较多的省份还有安徽（产量1.09亿吨，占比为9%）、山东（产量9089万吨，占比为7%）、内蒙古（产量6028万吨，占比为5%）、贵州（产量5595万吨，占比为5%）、新疆（产量5355万吨，占比为4%）、

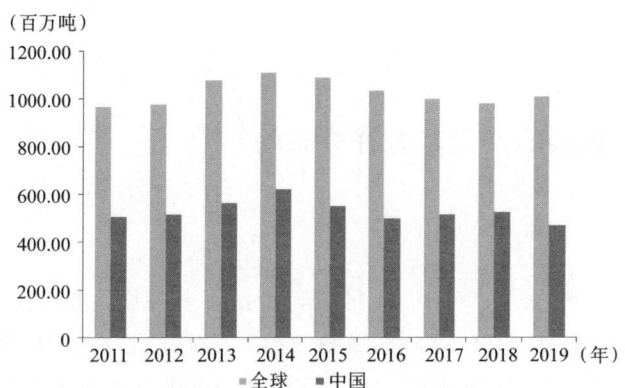

图 1-9 全球炼焦煤产量

资料来源：我的钢铁网、信达期货研究所。

黑龙江（产量4649万吨，占比为4%）、陕西（产量4366万吨，占比为3%）。

从细分的品种来看，产量最高的为气煤，2021年全年产量4.8亿吨（占总产量38%），产量最高的省份分别为山西（2.9亿吨）、安徽（5344万吨）、山东（5036万吨）；其次为主焦煤，2021年全年产量为2.9亿吨（占总产量23%），其中山西产量为1.7亿吨（占比为59%），内蒙古（3277万吨）、贵州（2596万吨）产量分列第二、第三位。此外，1/3焦煤、肥煤、贫瘦煤、瘦煤、气肥煤产量占比分别为14%、8%、8%、5%、4%，各煤种占比结构比较稳定（见图1-10）。

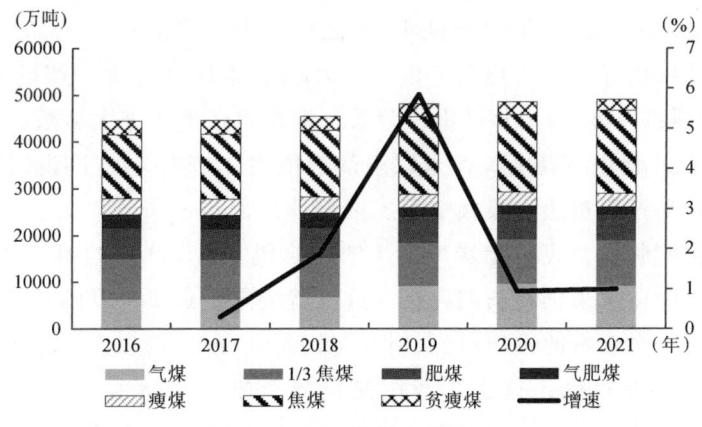

图 1-10 炼焦煤产量结构

资料来源：煤炭资源网。

十、焦炭的产量是怎样分布的？

2019年，全球焦炭产量6.83亿吨，产量1万吨以上的包括亚洲5.64亿吨、俄罗斯及独联体4130万吨、欧洲3730万吨、北美1570万吨、拉丁美洲1390万吨。以主要国家来看，焦炭的产量1000万吨以上的国家包括中国4.71亿吨、日本3270万吨、印度3030万吨、俄罗斯2680万吨、韩国1770万吨、乌克兰1230万吨、美国1180万吨。2013—2019年，中国焦炭产量均居全球首位，占比接近70%。

2002—2014年，我国焦炭产能发展较快，产能在2014年达到顶峰为6.5亿吨。产能的大量投放导致产能利用率较低，大多数年份在70%以下。相应的我国焦炭产量从2000年的9696万吨增长到2014年的最高值47981万吨，产量翻了近五倍，年均增长11%。焦炭产能的大量投放，导致了焦炭行业严重的产能过剩，产能利用率一直在60%左右。2015年，推行供给侧改革，焦炭行业通过减量置换落后产能的方式淘汰落后产能，持续去产能。2019年，产能利用率回升到74%左右。

按炉型分类，常规焦炉产量4.18亿吨（占焦炭产量的88.7%），热回收焦炉产量800万吨（占焦炭产量的1.7%），半焦（兰炭）产量4500万吨（占焦炭产量的9.6%）。从产能质量看，湿熄焦依然占据大多数，占总产能的72%左右，碳化室高度5.5米以下的产能占40%左右。这说明我国焦炭行业的产业升级依然还有很大空间。

从产能来源看，我国焦炭产能1/3来自钢厂，2/3来自独立焦化企业，这种产能结构在未来仍将长期存在，这也就决定了焦炭贸易的长期存在。因为我国钢厂焦炭产量的占比过低，钢厂需要从外部采购焦炭，这也就保证了焦炭贸易的长期存在，这也是我国是世界上唯一有焦炭期货国家的原因之一。

2011—2019 年我国焦炭产能及产量变化，见图 1-11。

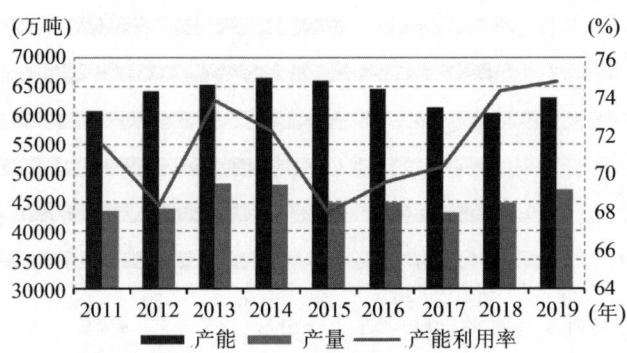

图 1-11　2011—2019 年我国焦炭产能及产量变化

资料来源：我的钢铁网。

根据炼焦协会发布的《焦化行业"十四五"发展规划纲要》，截至 2020 年，全国焦化生产企业 500 余家，焦炭总产能约为 6.3 亿吨。其中，常规焦炉产能 5.5 亿吨，半焦（兰炭）产能 7000 万吨 [部分电石、铁合金企业自用半焦（兰炭）生产能力未统计在全国焦炭产能中]，热回收焦炉产能 1000 万吨。

工信部网站公布的数据显示，2021 年，焦炭产量为 4.64 亿吨，同比下降 2.2%，其中钢铁联合焦化企业焦炭产量为 1.10 亿吨，同比增长 5.5%，其他焦化企业焦炭产量 3.55 亿吨，同比下降 4.3%。

焦炭产量的分布基本或炼焦煤产地和钢铁产地重合（见图 1-12）。山西、陕西、内蒙古和新疆拥有丰富的炼焦煤资源，靠近产地炼焦可以节约运输成本，这也是焦化厂控制成本的一个主要手段。河北、山东和辽宁是钢材生产地，对焦炭有大量的需求，靠近消费地同样也可以节约一部分运输成本。

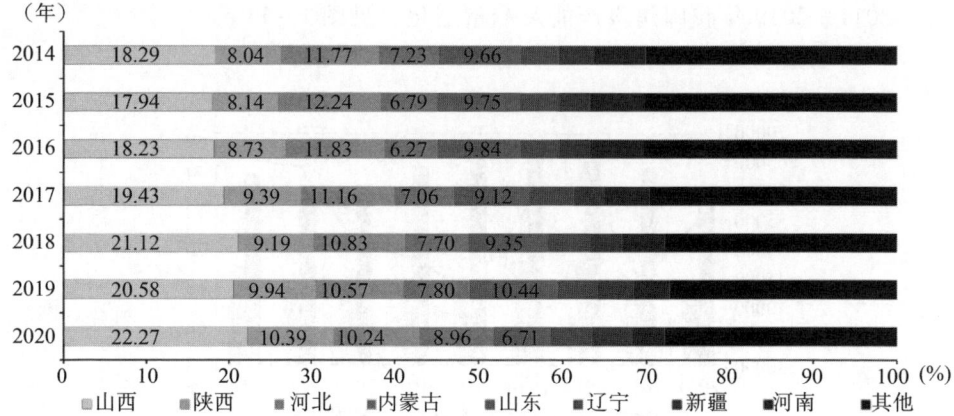

图 1-12 2014—2020 年国内各省焦炭产量占比

资料来源：信达期货研究所年报。

十一、我国煤焦的消费情况怎么样？

我国已成为世界上最大的炼焦煤生产国和消费国，2021 年我国炼焦煤精煤产量约 4.9 亿吨，消费量约 5.5 亿吨。我国焦煤几乎全部用于生产焦炭，因此不做消费行业的分类赘述。

我国焦炭的消费需求中，钢铁行业是绝对的主体，焦炭主要用于冶炼生铁，占比达 85%。化学制品的消费占比约为 7%，通用设备约占 3%，有色行业的冶炼消费约占 2%，其他工业占比约为 3%（见图 1-13）。

从总的消费量来看，2004 年以后，我国消费量增速逐年下降，2004 年增长率为 39%，2005 年为 11%，2008 年由于经济危机达到最低点，之后随着生铁粗钢产量的屡创新高，焦炭消费量有了较大幅度的增长，2012—2015 年由于国际国内钢铁行业增速放缓，行业长期低迷运行对焦炭的消费量难以维持前期两位数的增幅，2015 年焦炭消费量出现负增长。2016 年和 2018 年焦炭消费量增长值在零值徘徊，2017 年则出现负增长，2019 年供需两旺，

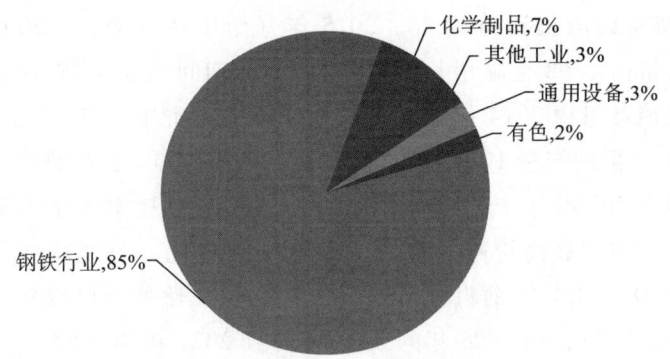

图 1-13 国内焦炭消费结构

资料来源：煤炭资源网。

随着粗钢和贴水产量的提升，焦炭表观消费量同比增长 8.57%。2020 年我国焦炭表观消费量达 4.71 亿吨，较 2019 年增加了 0.05 亿吨，同比增长 1.16%。2021 年有所下滑，2021 年中国焦炭表观消费量为 4.59 亿吨，同比减少 2.40%（见图 1-14）。

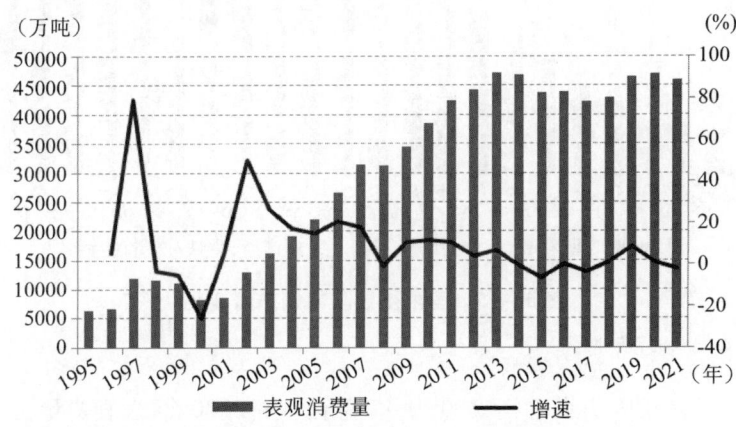

图 1-14 国内焦炭表观消费量变化

资料来源：我的钢铁网。

钢铁工业焦炭消费比重稳定，焦炭价格下跌刺激提升焦比。随着废钢开始回收，大量电炉投入使用，钢厂广泛采用喷煤技术，焦炭利用率提高，焦炭生铁比下降，这些因素共同导致焦炭消费量增长速度有所放缓。焦炭消费量从 2005 年持续增长到 2014 年,2015 年开始出现负增长。2005—2018 年我国生铁产量由 2.68 亿吨增长到 7.71 亿吨,期间增长 1.06 倍;而同期钢铁行业焦炭消耗量由 2.14 亿吨增长到 3.60 亿吨,增长了 1.03 倍。

2021 年,粗钢产量 103279 万吨,同比减少 3.00%,生铁产量 86857 万吨,同比减少 2.30%。长期来看钢铁行业的焦炭单耗出现了下降,这得益于钢铁行业大力发展高炉喷吹煤,着力降低铁钢比,节能降耗等措施。图 1-15 为 2000—2021 年钢粗钢产量、生铁产量及比值,可以看到,生铁与粗钢比值逐步下滑,由 2005 年的 0.94 下降到 2021 年的 0.84。

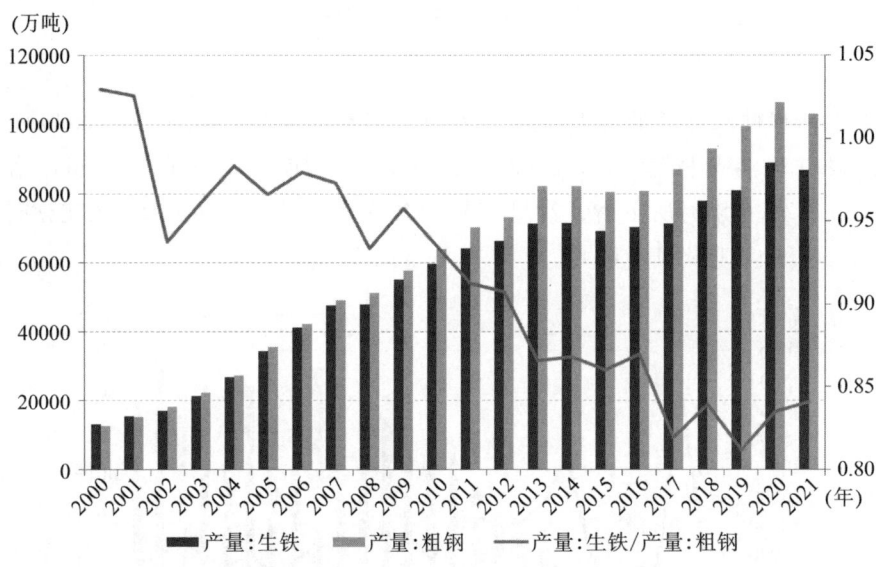

图 1-15　国内生铁与粗钢产量变化

资料来源:我的钢铁网。

2021 年,我国焦炭总消费量为 4.59 亿吨;2020 年总消费量为 4.71 亿吨,其中华北地区约占 33%,东北地区约占 10%,华东地区约占 26%,中南地区约占 14%,西南地区约占 9%,西北地区约占 8%(见图 1-16)。华北地区不但是焦炭主产区,其消费量也最大,占国内焦炭总消费量的 33%,若考虑地理位置纳入河南和山东,则该区域焦炭消费量约占国内总消费量的 47%,消费量排名前 10 的省份也有 5 个在该区域内。

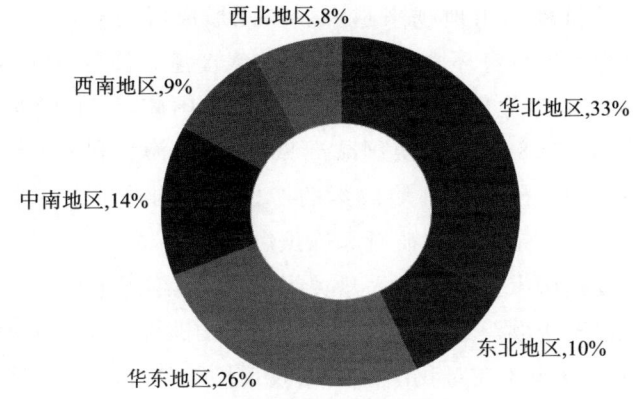

图 1-16　国内焦炭地区占比

资料来源：我的钢铁网。

 十二、我国为什么要控制焦炭出口？

炼焦是高能耗、高污染、高资源的行业。因此，国内早就有减少或停止焦炭出口的声音。在我国现有煤炭资源短缺的条件下，炼焦消耗了大量能源，同时焦炭生产还带来了严重环境污染。炼焦过程中会有大量的粉尘、一氧化碳及有毒气体排放到大气中，其中，含有多种致癌、致人畸形的物质；炼焦所排出的焦油、废水，也含有大量有毒物质，渗入地下后将长期污染地下水。

可以说，我们在出口焦炭的同时，也出口了自己的生态环境，因为每生产 1 吨焦炭要产生煤气 400 立方米左右。在世界各国中只有我国在大力发展这样高污染的行业，我们必须认真考虑焦炭出口所付出的沉重代价。例如，山西是我国最大的焦炭生产省份，也是污染最为严重的省份。如今，昔日的粮仓也是焦炭生产集中区——山西汾河谷地，由于工艺落后的焦炭生产，特别是土焦、改良焦的生产方式，造成这一地区黑烟滚滚，大气污染严重，水源污染严重,可耕种的田地越来越少。与此形成鲜明对比的是,20 年来,西方发达国家为保护自身环境,大量削减焦炭产量,甚至不顾本国钢铁工业的发展,关闭大量焦化厂。1996—2019 年,美国减产 41.65%,日本减产 28.31%,德国减产 28.79%,英国减产 80.04%。澳大利亚是铁矿石、炼焦煤富余的资源大国,出于对环境成本的考虑,该国并不在本土大力发展钢铁、焦炭行业,而只是出口铁矿石和炼焦煤。

由于不少发达国家焦化厂的大量关闭,世界焦炭生产与污染负荷大量转移到了我国,以至于欧盟近年对我国出口焦炭的态度来了一个 180 度的大拐弯。2000 年底,欧盟还在对我国焦炭征收反倾销税,2004 年 5 月,便因我国限制焦炭出口的行动而威胁称要向世贸组织申诉,直至我国承诺当年出口量不少于 2002 年的 1400 万吨才没有引发更大的贸易纠纷。

近几年来,随着焦炭出口配额的减少,焦炭出口数量相应减少,而一些出口企业却热衷于要求国家有关部门取消配额制,放松出口,获取外汇。事实上,我国经济的发展已经超越了出卖资源换取外汇的阶段,目前我国外汇储备充足,短缺的恰恰是我们大量出口的一次性能源。随焦炭一同卖出的是宝贵的不可再生资源,是本来已经十分脆弱的生态环境,是国人自己的健康。而时至今日,中国的国际地位越来越高,已经拥有了保护国家利益不受侵害的能力,在环保方面的投入和管控力度也有所加强,因此限制焦炭出口以及减少焦炭产量也将日趋受到重视。

焦炭大量出口也不符合我国钢铁、煤炭的产业政策走向。在焦炭出口的问题上,我国的政策方向是控制焦炭出口总量,但考虑到国际需求方的利益和强烈要求,我国将对焦炭出口采取逐步削减的做法。

具体的进出口方面的政策变化我们会在第三章第八个问题详细介绍。

一、填空题

1. 我国焦炭的消费需求中,钢铁行业是绝对的主体,焦炭主要用于冶炼生铁，占比达____。

2. 从细分的品种来看，产量最高的为气煤，2021年全年产量_____亿吨（占总产量38%），产量最高的省份分别为山西（2.9亿吨）、安徽（5344万吨）、山东（5036万吨）。

3. 焦炭主要用于高炉炼铁和用于铜、铅、锌、钛、锑、汞等有色金属的鼓风炉冶炼，起_____、发热剂和料柱骨架作用。

4. 从产量角度看，国内炼焦煤产量主要集中在_____、西南地区和东北地区，山西省的产量最大。

5. 焦炭国内贸易以买卖双方_____交易的方式为主。

6. 焦炭内贸流通总体为_____，自西向东的格局。

7. 炼焦煤是焦炭生产的主要原材料，生产1吨焦炭约消耗____吨炼焦煤。

8. 世界上最大的产焦国是_____。

二、判断题

1. 焦炭的主要用途是炼钢。   （   ）
2. 我国是世界上最早使用焦炭的国家。   （   ）
3. 我国已成为世界上最大的炼焦煤生产国和消费国。   （   ）
4. 焦炭内贸流通区域以铁路为主，区域间水路和公路并举。   （   ）
5. 2021年我国炼焦煤精煤产量约4.9亿吨，消费量约5.5亿吨。
                                                         （   ）
6. 近年来，国外许多国家，尤其是发达国家，焦炭产量增幅缓慢甚至出现逐渐减少的趋势。   （   ）

三、单选题

1. 国内焦炭消费量最大的省份是（   ）。
   A. 河北   B. 山东
   C. 山西   D. 河南

2. 华北地区的焦炭产量占全国产量的（   ），是产量最大的区域。
   A. 33%   B. 42%

C. 17%　　　　　　　　　　　　D. 22%

3. （　　）行业是焦炭消费最多的行业，占到焦炭消费量的85%。

A. 化工　　　　　　　　　　　B. 钢铁

C. 农业　　　　　　　　　　　D. 有色冶炼

4. 我国将对焦炭出口采取（　　）的做法。

A. 逐步增加　　　　　　　　　B. 一次性增加

C. 逐步削减　　　　　　　　　D. 一次性减少

5. 我国煤炭运输有铁路、水路、公路等三种方式，铁路以其运力大、速度快、成本低、能耗小等优势，一直是煤炭的主要运输方式，铁路煤炭运输量占全国煤炭运输总运输量的（　　）以上，占铁路总货物运量的近50%。

A. 70%　　　　　　　　　　　B. 10%

C. 15%　　　　　　　　　　　D. 40%

6. 从全球储量分布来看，炼焦煤资源的（　　）分布在亚洲，（　　）分布在北美洲，其余（　　）分布在世界其他地区。

A. 50%；25%；25%　　　　　　B. 80%；10%；10%

C. 70%；10%；20%　　　　　　D. 60%；15%；25%

参考答案

一、填空题

1. 85%　　2. 4.8　　3. 还原剂　　4. 华北地区
5. 点对点　　6. 从北向南　　7. 1.33　　8. 中国

二、判断题

1. ×　　2. √　　3. √　　4. ×　　5. √　　6. √

三、单选题

1. A　　2. B　　3. B　　4. C　　5. A　　6. A

第二章

了解焦煤焦炭期货

> **本章要点**
>
> 本章主要介绍了大连商品交易所上市交易的焦煤焦炭期货标准合约,对合约的设计作了深入讲解;介绍了焦煤及焦炭期货交易中应该注意的问题和交易风险控制的制度。投资者在参与焦煤及焦炭期货交易之前应该认真阅读本章,为参与期货交易和控制风险做好充分准备(本章期货交易规则及流程具体内容均引用自大连商品交易所相关规定)。

 一、焦煤焦炭作为期货品种有什么商品特性?

焦煤期货,是指以焦煤为合约标的的期货合约,焦炭期货则是指以焦炭为合约标的的期货合约,它们均由期货交易所统一制定,规定在将来某一特定的时间和地点交割一定数量和质量对应品种现货的标准化合约。

为什么焦煤和焦炭均能成为期货品种？这是因为焦煤和焦炭都符合期货品种具备的易储藏、品质易于划分、供应量大、价格波动频繁等特征。

（一）焦煤、焦炭是具有产业链上下游关系的大宗商品，需求量大

焦煤是最具有代表性的炼焦煤，连接着煤、焦、钢三个产业，它是生产焦炭的主要上游原料之一，每生产 1 吨焦炭需要消耗 1.33 吨焦煤。焦煤下游紧紧连接着焦炭和钢材，因此需求范围十分广泛，需求量很大。2009—2019 年，炼焦煤的产量增长了 11.82%，2019 年炼焦煤产量达到 11.64 亿吨。

焦炭是一种重要的工业品，主要用于高炉炼铁和铜、铅、锌、钛、锑、汞等有色金属的鼓风炉冶炼，此外，还用于铸造、化工、电石和铁合金等领域。世界范围内 90% 以上的焦炭用于高炉炼铁，我国 85% 左右的焦炭用于炼铁，其余的 15% 用于有色金属冶炼、化工等行业，冶金焦炭近乎成为现代高炉炼铁技术的必备原料之一。我国的焦炭产量由 2010 年的 38405 万吨上涨至 2021 年的 46446 万吨，产量仍处于逐年扩张的大周期内。随着钢铁、化工、机械铸造、电石等行业的高速发展，这种需求态势将继续保持。据统计，2021 年我国焦炭消费量达到 4.65 亿吨。

从需求的覆盖面和量级上看，焦煤和焦炭完全满足作为期货品种必备的条件——大宗商品。

（二）焦煤和焦炭均具有较高的同质性，易于划分质量等级

期货合约的标的物必须是标准化的商品，期货品种的规格、质量必须能够量化和评级，这样，一方面保证期货合约与现货商品的一一对应关系，使期货价格信号更加明确，另一方面可以提高实物交割的效率，使买卖双方不至于因产品质量而产生分歧。

我国的焦煤按照灰分、硫分、挥发分、黏结指数等划分相应的等级，而焦炭按灰分、硫分、挥发分、焦末含量以及机械强度等指标划分为一级、二级、三级，简单明了，现货市场也都基本按照国家划定的标准进行交易。因此，焦煤与焦炭均具有较高的同质性，易于划分质量等级。

（三）焦煤与焦炭性质稳定，易于储藏和运输

对冲平仓和现货交割是期货市场的两项基本履约方式。为了便于实物交割，作为期货品种的商品必须易于储藏和运输，焦煤与焦炭性质稳定，不易变质。我国国内焦煤与焦炭的运输采用汽车、火车或水运，焦煤出口主要采用散装，焦炭出口采用散装或集装箱运输。不论采用哪种运输方式，二者较为稳定的特性都可以满足其运输要求。

（四）现货价格波动频繁

期货市场的基本功能分别为价格发现和规避价格风险，没有价格的频繁波动也就不存在价格的风险，进而也就没必要采用套期保值规避价格风险，因此，现货价格波动频率与程度是选择期货品种的重要依据。图2-1是中国近年来焦煤与焦炭的价格走势，从中我们可以看出：在2010年以后，焦炭价格一直波动频繁，波动程度剧烈，焦炭价格从2011年的不到2000元/吨上涨到2022年4月15日的4217元/吨，上涨超过2倍，最大涨幅更是达到近9倍。而焦煤价格变动同样明显，2011年焦煤价格尚处于1650元/吨的水平，2022年4月15日上涨至3239.5元/吨，最大涨幅更是高达659.26%（见图2-1）。

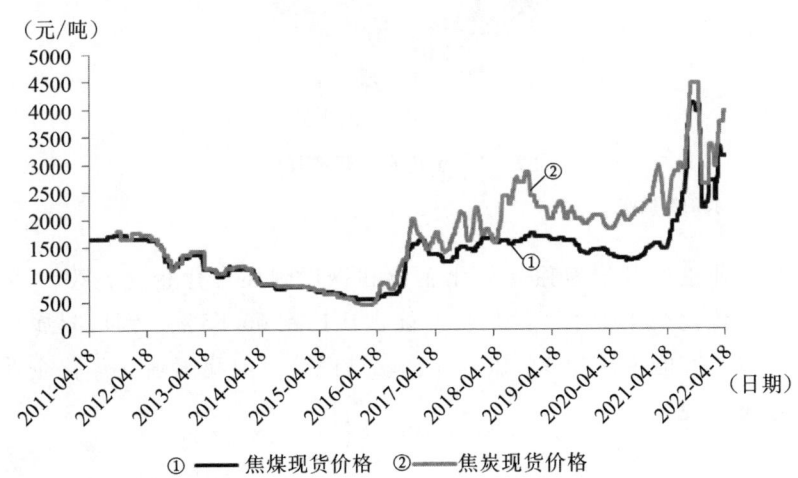

图2-1　冶金焦与主焦煤的现货价格

资料来源：我的钢铁网。

（五）焦煤与焦炭具有众多的买者和卖者，价格波动自由，不易被少数人控制和垄断

期货价格由买卖双方自由竞价形成，要求交易品种的价格能够自由波动，不为垄断力量操纵，这需要市场上有众多的买者和卖者来保证其流动性。实践表明，一种商品的市场结构属于垄断竞争，比较适合开展期货交易。这是因为垄断竞争能够保证充分的竞争，同时垄断竞争市场结构中的企业具有相当的规模，有足够的能力采用套期保值规避风险。

截至 2019 年，我国焦炭行业内共有规模以上企业 206 家，其中大型企业 58 家，占比为 28.16%；中型企业 91 家，占比为 44.17%；小型企业 57 家，占比为 27.67%。中型企业数量占有较大比例，大型和小型企业占比相近，位于 25%~30%（见图 2-2）。

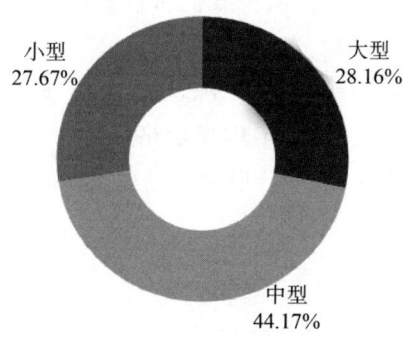

图 2-2 焦化企业规模比例

资料来源：我的钢铁网。

焦化企业也可以分为独立焦化企业和钢厂附属焦化企业，2019 年数据显示，独立焦化企业所生产的焦炭产能占比达到 66.55%，钢厂附属焦化企业生产的焦炭产能占比为 33.45%。也就是说，目前我国独立焦化企业仍占据主导地位（见图 2-3）。

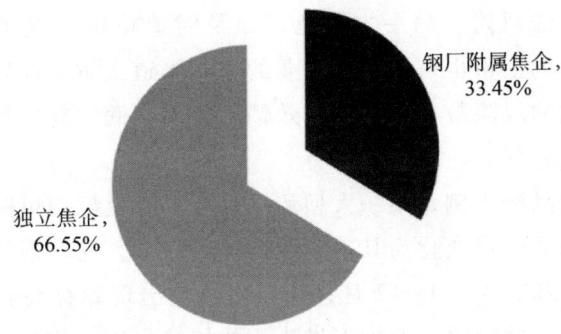

图 2-3　2019 年独立焦化企业与钢厂焦化企业产能占比

资料来源：我的钢铁网。

 二、交易所上市交易焦煤焦炭期货品种对市场有什么功能和作用呢？

焦煤与焦炭期货品种的上市交易为市场提供了更多的投资机会，同时，也实现了为焦化行业经济服务的功能。

（一）为焦化产业链企业提供避险的工具

焦煤与焦炭期货能够为煤炭企业、焦化企业、钢厂和贸易商提供新的避险工具，通过在期货市场上进行套期保值业务，可以为生产商有效地回避、转移或分散现货市场上价格波动的风险。对于上游的煤企而言，焦煤期货的问世可以让煤企更有效的应对市场变动，合理布局焦煤的勘探、开采与生产；对于焦化企业而言，焦炭期货的推出让焦炭价格对市场反应更加灵敏及时，有助于相关企业合理安排生产和销售，通过期货所具有的套期保值功能来规避产品销售价格波动的风险，同时也有利于拓宽企业的销售渠道，将期货市场作为一个辅助的销售途径，提高焦炭市场的活跃度和流动性；对于焦炭主要用户的下游钢厂而言，一方面可以通过焦煤和焦炭期货来锁定价格，规避原料价格上涨风险，另一方面也可以及时追踪价格变化，调整采购策略。同时，期货的上市也可以拓展企业的采购渠道，贸易商则可以通过期货工具来锁定两端的风险敞口，从而有效锁定贸易利润，规避焦煤与焦炭的购销价格风险。

以焦炭期货品种为例，某一大型焦化企业具有良好的风险意识，他们经常关注期货市场的趋势变化为其现货经营提供指导，同时通过参与焦炭期货进行套期保值。2021年10—12月，该焦化企业出现库存高企、销售困难的状况，核增产能的持续释放叠加保供稳价的持续加码，焦炭价格持续大幅下跌，此时采取卖出套期保值的做法能有效的规避焦炭价格下跌为企业带来的风险。基于此，该焦化企业将库存和后面几个月的产量在期货市场上做了卖出保值。随后，纵使焦炭价格大幅下挫，一路跌破3000元/吨关口，焦化企业通过期货市场的盈利弥补了现货市场的亏损，从而抵御了较大的市场风险。

（二）参与者类型多样，提供了合理的流动性，价格发现功能有效发挥

期货市场存在着投机者、产业经营者等多类型的资金，它们的存在使得期货市场具有较高的流动性。在公开的博弈中，焦煤与焦炭的期货、现货价格能够有效互动，真正反映当前的市场预期，实现了期货市场价格发现的功能。

（三）焦化企业可通过期货市场动态布局生产产能

市场价格波动频繁，难以及时有效地把握市场的脉搏，对于生产企业来说，如何控制企业的生产经营节奏，是生产企业面临的主要问题之一。对于国内的焦化企业来说，前期存在的问题在于产能过剩，多年来焦化企业奋斗在去产能的路上，目前焦化企业产量略显紧缺。而焦炭期货的存在使焦企在市场出现任何状况时均可以较为合理的安排自身的生产计划。

在价格下跌时，焦炭企业意欲减产，首先在期货市场上卖出焦炭期货进行套期保值，锁定一部分利润，随后企业实施相应的减产行为，可以在一定程度上规避减产所带来的亏损。当价格上涨时，企业扩大生产是有利的，此时企业在期货市场上买入焦煤期货进行套期保值，锁定上游的生产成本，从而控制增产的风险,可以让企业更加放心的扩大生产。也就是说,通过在期货上进行买入和卖出相关合约的操作,可以保障企业更加动态灵活的布局生产,实现有效的防控风险。

(四)现货市场可通过期货市场建立合理的定价模式

随着焦煤、焦炭期货市场功能的逐渐发挥,会对企业的销售、采购的定价模式产生重要影响。在没有期货市场时,市场上买卖双方生产厂家都有自己的定价规则,根据现货供求机制确定市场价格。对于小部分焦化和煤炭企业而言,可以通过"期货价格+升贴水"的方式确定现货价格,对于大部分焦化和煤炭企业而言,可以通过分析基差(现货价格-期货价格)的水平与走势,判断现货市场价格的合理性。因此,期货市场在一定程度上可以对现货市场价格的合理性起到一定的评判作用。

(五)焦煤、焦炭期货有助于相应的现货企业制定中长期发展战略

期货市场是一个标准化的远期市场,期货价格反映了市场对远期价格的预期,有利于企业制定中长期的发展战略,便于企业前瞻、有效、准确地预测市场变化,并提前根据市场变化作出相应的战略调整,助力企业规避市场系统性风险。即使企业不直接参与期货市场的交易,通过对期货市场的研究,也能很好地抓住市场的机遇。

三、市场上有哪些投资主体参与焦煤焦炭期货交易?

市场上从事焦煤期货交易的主体主要有煤炭企业、焦化企业,焦煤贸易商、投资机构和广大的个人投资者;焦炭期货交易的投资者主要有焦化企业、钢铁企业、焦煤企业、焦炭贸易商、投资机构、个人投资者。煤炭企业是进行焦煤期货交易的核心主体,国内大型焦煤企业主要有山西焦煤集团、山东能源集团、龙煤集团、淮北矿业集团、冀中能源、中国平煤神马集团、

开滦股份、沈煤集团等。

焦炭期货的核心投资主体则是焦化企业,国内大型的焦化企业有旭阳煤化工集团、美锦集团、安泰集团、大土河焦化等。

投资机构和个人投资者参与焦煤、焦炭期货的主要形式是进行套利或投机操作,这类投资者可利用焦煤、焦炭期货价格波动的特点,进行投机交易。一般而言,前期的市场较为简单,影响期货价格的因素也相对简单,主要由各自品种的供求关系主导,因此投资者主要关注影响焦煤、焦炭供求的相关因素的变动来对焦煤、焦炭期货进行投机即可。以焦炭为例,焦炭的产量减少而需求刚性时,焦炭价格会因焦炭供给紧缺而上涨,投资者可在此过程中建焦炭期货多单,从而获得收益。近年来,随着期货市场的不断发展与完善,影响期货盘面价格的因素变得愈发复杂,除了供求基本面外,还有市场的投资情绪、宏观经济周期与政策、各品种的市场结构等。因此,投资者在当下的市场中寻求投机利润时,需要更加全面的分析市场上的多空因素,注意风险控制。

除了投机交易外,投资者还可以进行套利交易,如期现套利、跨期套利、跨市场套利(渤海商品交易所焦炭和大商所焦炭)、跨品种套利(焦煤和焦炭的套利)等。

四、如何解读大连商品交易所焦煤焦炭期货合约?

焦煤期货的交易标的:焦煤期货的交易品种为焦煤,通过煤矿的勘探、开采并生产出主焦煤。交易代码:JM。

合约(见表2-1)交易规定:交易时间为星期一至星期五(法定节假日除外)的上午9:00—11:30,下午13:30—15:00,在大连商品交易所上市交易,焦煤期货合约一手为60吨焦煤,若投资者建仓买入5手焦煤合约,即为买入300吨焦煤期货。报价单位为元/吨,最小变动价位为0.5元/吨,每日价格最大波动限制不超过上一交易结算价的±4%。投资者参与焦煤期货交易的主要成本是交易保证金和交易手续费，交易所规定的最低交易保证金为合约价值的 5%，一般期货公司会在交易所规定的基础上有所提高，以防范风险。交易所规定的交易手续费为成交金额的万分之一。大连商品交易所焦煤期货交易的合约月份为 1—12 月，最后交易日为合约交割月份的第 10 个交易日（遇法定假日顺延）。如 J2109 合约的最后交易日为 2021 年 9 月 14 日。

合约交割规定：焦煤期货的交割采取实物交割方式在交易所指定的交割仓库进行，最后交割日期为最后交易日后第 3 个交易日（遇法定假日顺延），如 J2109 合约最后交割日为 2021 年 9 月 19 日。

表 2-1　大连商品交易所焦煤期货合约（适用于焦煤 JM2304 及以后合约）

交易品种	焦煤
交易单位	60 吨/手
报价单位	元（人民币）/吨
最小变动价位	0.5 元/吨
涨跌停板幅度	上一交易日结算价的 4%
合约月份	1—12 月
交易时间	每周一至周五上午 9：00—11：30，下午 13：30—15：00，以及交易所规定的其他时间
最后交易日	合约月份第 10 个交易日
最后交割日	最后交易日后第 3 个交易日
交割等级	大连商品交易所焦煤交割质量标准（F/DCE JM003-2022）
交割地点	大连商品交易所焦煤指定交割仓库
最低交易保证金	合约价值的 5%
交割方式	实物交割
交易手续费	成交金额的万分之一
交易代码	JM
上市交易所	大连商品交易所

焦炭期货的交易标的：焦炭期货的交易品种为焦炭，是指以炼焦煤为主要原料，以高温干馏等方法得到的用于高炉炼铁的冶金焦炭。交易代码：J。

合约（见表 2-2）交易规定：交易时间为星期一至星期五（法定节假

日除外）的上午 9:00—11:30，下午 13:30—15:00，在大连商品交易所上市交易，焦炭期货合约 1 手为 100 吨焦炭，若投资者建仓买入 5 手焦炭合约，即为买入 500 吨焦炭期货。报价单位为元/吨，最小变动价位为 0.5 元/吨，每日价格最大波动限制不超过上一交易结算价的 ±4%。投资者参与焦炭期货交易的主要成本是交易保证金和交易手续费，交易所规定的最低交易保证金为合约价值的 5%，一般期货公司会在交易所规定的基础上有所提高，以防范风险。交易所规定的交易手续费为成交金额的万分之一。大连商品交易所焦炭期货交易的合约月份为 1—12 月，最后交易日为合约交割月份的第 10 个交易日（遇法定假日顺延）。如 J2109 合约的最后交易日为 2021 年 9 月 14 日。

表 2-2　大连商品交易所焦炭期货合约（适用于焦炭 J2201 及以后合约）

交易品种	冶金焦炭
交易单位	100 吨/手
报价单位	元（人民币）/吨
最小变动价位	0.5 元/吨
涨跌停板幅度	上一交易日结算价的 4%
合约月份	1—12 月
交易时间	每周一至周五上午 9:00—11:30，下午 13:30—15:00，以及交易所规定的其他时间
最后交易日	合约月份第 10 个交易日
最后交割日	最后交易日后第 3 个交易日
交割等级	大连商品交易所焦炭交割质量标准（F/DCE J001-2021）
交割地点	大连商品交易所焦炭指定交割仓库
最低交易保证金	合约价值的 5%
交割方式	实物交割
交易手续费	成交金额的万分之一
交易代码	J
上市交易所	大连商品交易所

合约交割规定：焦炭期货的交割采取实物交割方式在交易所指定的交割仓库进行，最后交割日期为最后交易日后第 3 个交易日（遇法定假日顺

延），如 J2109 合约最后交割日为 2021 年 9 月 19 日。

五、什么是期货主力合约？

期货主力合约就是指持仓量最大的合约月份。因为每一个期货品种都有许多不同月份的交易合约，其中持仓量最大的月份交易合约，我们称之为主力合约，因为它代表了这个期货品种总的走向，具有代表性，而且一般情况它的交易量也是最大的，因此它的价格最具代表性。投资者在主力合约月份交易，进出也非常方便，市场的流动性非常充分。不过主力合约也是在变动的，现在的主力合约过一段时间就会往后面的月份移。

（一）作为投资者，识别各品种的期货主力合约是非常重要的

1. 便于交易。一个合约如果买卖的人不多，那么就会出现想买买不到，想卖卖不出的情况，或者很小的成交量就能使价格大起大落。而主力合约是指买卖的人都很多，很容易买到或者卖出合约，价格的波动也在合理范围之内，所以一般成交量最大的合约为主力合约。随着人们交易兴趣的改变，主力合约也会发生改变。

2. 移仓换月。随着时间的推移，交割时间的临近，很多投机者不愿意参与交割，比如焦炭期货本来 2109 合约是主力合约，等到 8 月份 J2109 的交割月临近时，投资者就开始移仓，移向后面的主力合约。

（二）如何识别期货的主力合约

主力合约就是持仓量最大的合约，做这个合约的原因是交易更活跃，更容易成交。主力合约是不断变化的，主要是离合约到期日近了，所以要移仓到后面的月份，这样，后月的交易量和持仓量都会快速增大。除螺纹钢外，国内黑色商品主力合约月份一般是 1 月、5 月和 9 月、农产品大部分也是 1 月、5 月、9 月这三个月份，而有色金属则是连续合约，主力逐月后移。

投资者应该选主力合约交易,也就是成交量和持仓量最大的,这样才够活跃。当然如果投资者要做长线的话,转为主力合约的次主力合约也可以操作,因为合约到期要交割,投资者需要不断在换月阶段进行移仓。如当前的主力合约是 J2109,正逐步向 J2201 转移,此时,投资者应选择有利时机进行移仓,从而规避移仓风险。

小贴士

以焦炭期货为例——连续合约的作用

期货合约会随着主力合约不断转移,因而在某种程度上无法反映焦炭期货价格形成的走势。为了可以浏览另一个趋势,行情软件上一般都会有连续图,如焦炭连续、焦炭连续三、焦炭连续四等,这是把每一时期的主力合约的走势抽取出来拼成一幅连续图。连续图不是用来交易的,而是用来研究的,它也不是交易所发布的合约,是行情软件生成的。因为算法不同,不同软件生成的连续合约的价格可能会有差异。

 六、如何进行期货的交易?

投资者进行焦炭期货交易需要通过以下几个步骤:开户、软件下载、入金、下单交易、结算、交割。

(一)开户环节

首先期货公司对客户进行适当性评估,客户通过评估后,进入开户流程(见图 2-4)。自然人开户须提供本人身份证和作为其期货结算账户的本人银行账户,且须由本人签署开户文件,不得委托代理人代为办理开户手续。法人开户可委托代理人,须提供企业法人营业执照、企业组织机构代码证、税务登记证、银行开户证明（即企业基本户的开户许可证）、法人代表及代理人身份证。客户签署期货经纪合同，留存影像资料，开户完成后，期货公司将申请交易编码，投资者将获得交易用户名和密码。

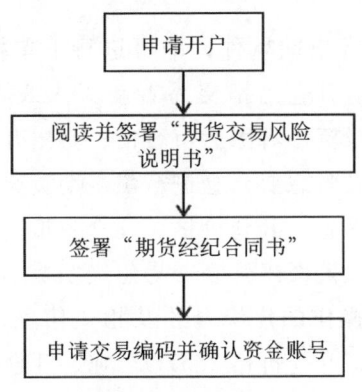

图 2-4　开户流程

资料来源：中国期货业协会。

另外，对于无法现场提交材料审核的客户，可申请采用远程见证开户方式。客户应指派经法人授权的专人（开户经办人）与交易所业务人员进行音视频连接，通过远程方式进行开户资料审核。整个开户过程将全程录像，录制过程不得中断暂停，不得切换镜头，应确保音视频连接保持画质及声音清晰。

（二）软件下载

在开户后，期货公司为客户提供交易客户端软件以及行情软件，客户安装软件后即可登录交易账户。

（三）出入金

期货里的"出金"和"入金"是指期货公司和客户之间的资金划转。"入金"就是"客户入金"，是指客户将用于期货交易的资金划入自己在期货公司的交易账户。"出金"就是"客户出金"，是指客户将存放在期货公司的自己交易账户中的资金提出。客户可通过银行柜台、网上银行、交易系统等方式进行出入金操作。国内众多银行都已经开通了银期转账业务，为投资者出入金操作提供了很大的便利。

（四）下单交易

客户通过登录交易客户端软件，即可进行下单操作。期货操作步骤包括：开仓、持仓和平仓。开仓是指交易者新买入或者新卖出一定数量的合约，买入开仓就意味着投资者看涨后市行情；卖出开仓就意味着投资者看跌后市行情。例如，投资者若想要开仓进行焦炭期货交易，投资者必须明确交易合约、买卖方向、开平仓、开仓价格、开仓数量。

举例说明：若某位投资者想开仓交易焦炭期货，该投资者可在交易软件的委托界面下输入计划操作的焦炭合约及相关信息，如交易合约为J2109，买卖方向为卖出、开仓、开仓价格2557元/吨、开仓数量5手，点击确认则下单成功，该委托为已报状态，若已成交则显示该委托为已成状态。

开仓成功后，投资者当前即为持仓状态。持仓是指开仓之后还没有对冲掉的合约，买入开仓的就是多头持仓；卖出开仓的就是空头持仓。

若投资者想离场，则进行平仓操作。平仓是指将买入的期货合约卖出，或者将卖出的期货合约买入，通过笔数相等、方向相反的期货交易来对冲原有的期货合约，解除实物交割的责任，实现利润或减少损失。

举例说明：假如该投资者进行上述J2109合约开仓操作后，若投资者计划以2943元/吨的价格对5手持仓进行全部平仓。则进行以下操作：在委托界面输入交易合约为J2109，买卖方向为卖出，选择平仓指令（若平当天开的仓位则选择平今仓），平仓价格输入2943元/吨、平仓数量为5手，点击确认则下单成功，若成交则显示已成，委托成功，则当前投资者无J2109合约的持仓。若投资者只需要减少仓位至2手，则平仓数量选择3手进行操作即可。

（五）结算

结算是指在每日交易结束后，根据交易结果和交易所有关规定对会员交易保证金、盈亏、手续费、交割货款和其他有关款项进行的资金清算与划转，对应收应付的款项实行净额一次划转，相应增加或减少会员的结算准备金。我国境内的结算分为两个步骤，首先是交易所对会员（期货公司）结算，其次是会员（期货公司）对客户结算。

交易所对期货公司的结算主要内容包括：交易所对期货公司的盈亏、交易手续费、交易保证金等款项进行结算，会员资金按当日盈亏进行划转，当日盈利划入会员结算准备金，当日亏损从会员结算准备金中扣划。每日结算完成后，会员结算准备金低于交易所规定的最低余额的须在下一个交易日开市前补足。

期货公司对客户的结算内容主要包括：期货公司每交易日结束后对每一个客户的盈亏、交易手续费、交易保证金等款项进行结算。一般来说，期货公司对客户收取的交易保证金不得低于交易所向期货公司收取的金额。每日结算后，若客户保证金低于期货公司规定的保证金水平，客户须在规定时间内追加保证金，若客户无法在规定时间内追加保证金，客户所持投资将面临被强制平仓的风险。

（六）交割

交割是指期货合约到期时，按照交易所的规则和程序，交易双方通过该期货合约所载标的物所有权的转移，或者按照结算价进行现金差价结算，了结到期未平仓合约的过程。期货交割分为实物交割和现金交割两种类型，前者是指以标的物所有权转移方式进行的交割，后者主要是按结算价进行现金差价结算，商品结算一般以实物交割为主。

焦煤、焦炭期货主要采用交割月前的期货转现货交割（期转现）和进入交割月后的集中交割、滚动交割三种方式。期货转现货交割是指有同一交割月份合约的交易双方通过协商达成现货买卖协议，按照协议价格了结各自持有的期货持仓，同时进行数量相当的货款和实物交换。集中交割主要指在最后交割日，买卖双方分别将货款和标准仓单上交到交易所，交易所一次性集中完成期货合约所载商品所有权的转移，从而了结买卖双方到期未平仓合约。滚动交割主要指在交割月第一个交易日至最后交易日的前一交易日期间，由持有标准仓单（已冻结的除外）和交割月单向卖持仓的卖方客户主动提出，并由交易所组织匹配双方在规定时间完成交割的交割方式。一般而言，期货交易中交割所占的比重是非常小的。

> **小贴士**
>
> ### 结算价的计算及其作用
>
> 上海期货交易所、大连商品交易所和郑州商品交易所规定，当日结算价是指某一期货合约当日成交价格按照成交量的加权平均价格；当日无成交价格的，以上一交易日的结算价作为当日结算价。结算价是进行当日未平仓合约盈亏结算和制定下一交易日涨跌停板额的依据。
>
> 举例说明：某日从开盘至收盘，焦炭的成交情况为：
>
> 2100 元成交 100 手，2090 元成交 200 手，2080 元成交 500 手，则结算价为（2100×100+2090×200+2080×500）/（100+200+500）= 2085 元。结算价是交易所提供的，不需要个人投资者计算。
>
> 结算价是进行当日未平仓合约盈亏结算和制定下一交易日涨跌停板额的依据。
>
> 当日结算准备金余额 = 上一交易日结算准备金余额 + 上一交易日交易保证金 - 当日交易保证金 + 当日作为保证金的资产的实际可用金额 - 上一交易日作为保证金的资产的实际可用金额 + 当日盈亏 + 入金 - 出金 - 手续费等
>
> 当日盈亏（以商品期货为例）= $\sum$[（卖出成交价 - 当日结算价）× 卖出量] + $\sum$[（当日结算价 - 买入成交价）× 买入量] +（上一交易日结算价 - 当日结算价）×（上一交易日卖出持仓量 - 上一交易日买入持仓量）
>
> 当日交易保证金（商品期货）= 当日结算价 × 当日交易结束后的持仓总量 × 交易保证金比例
>
> 举例说明：若某投资者当日开仓卖出 J2109 合约 10 手，开仓价格为 3100 元/吨，且未平仓，当日结算价为 3085 元/吨，则该投资者的当日开仓持仓盈利 =（卖出成交价 - 当日结算价）× 卖出开仓量 =（3100 - 3085）元/吨 × 10 手 × 100 吨/手 = 15000 元，即该投资者当日开仓持仓盈利为 15000 元。
>
> 涨跌停板额 = 上一日结算价 × 涨跌停板幅度

举例说明：假设焦炭期货 J2109 上一日结算价为 3085 元/吨，一般情况下交易所合约规定的焦炭期货的涨跌停板幅度为 4%（注意：特殊情况下，交易所会根据行情的变动对涨跌停板幅度进行一定的调整，合约最新的涨跌停板幅度以交易所官网公布为准），则当日的涨跌停板额 = 3085 × 4% = 123.4 元/吨，即当日最高涨幅价格为 3208 元/吨，最低跌幅价格为 2961.5 元/吨。

七、客户无法正常下单进行期货交易的几种可能原因？

下单需要提供合约代码、买卖方向、开平仓交易指令选择、交易价格、手数等信息，若以上信息不全，将导致客户无法正常下单。

（一）下单价格错误

下单价格错误主要源于其超过当日的涨跌停板限制。以焦炭为例，假设 J2109 合约前一日的结算价为 3085 元/吨，根据大连商品交易所焦炭期货合约规定的涨跌停板为 4% 来计算，当天的涨跌停板价格分别为 3208 元/吨和 2961.5 元/吨。若交易价格高于 3208 元/吨或低于 2961.5 元/吨均导致无法成交。

（二）合约代码输入错误

1. 合约代码包括交易代码和合约月份，如 J2109 合约，一旦输入不完整，缺少相应的交易代码或合约月份，客户端都会提示"无此合约代码"。

2. 输入的合约代码必须是现在正在交易的合约代码，已经完成交割或因时间原因尚未上市交易的合约代码均为无效代码，如 J2009、J2401 等。

(三) 交易指令错误

交易指令包括开仓、平仓、平今仓。

1. 无持仓而选择平仓指令的错误。平仓指令是针对当前投资者所持有的头寸进行操作的,因此,若因当前无该合约持仓,而选择平仓指令,则交易不成功。

2. 买卖方向与交易指令不符。买卖方向与交易指令必须与投资者实际持仓情况相符合,如某一投资者当前持有 J2109 合约 5 手多单,投资者在进行平仓时若下单指令为买入平仓,则交易无法成功,正确的指令应当为卖出平仓。

(四) 下单手数超过实际可下单量

由于资金限制,下单手数不得超过实际可用资金的可下单量,否则无法成交。若某投资者当前实际可下单量为 10 手,则实际下单手数不得超过 10 手。

(五) 违反交易规则

1. 超过交易规则规定的限仓制度,如 J2105 合约在 4 月时,交易所对焦炭期货的持仓有一定的限制。如焦炭在交割月前一个月第十个交易日起,对非期货公司会员的限制为 10000 手,对客户的限制为 10000 手。基于此,对于普通的投资者来说,在不考虑经纪会员的总限制的情况下,其在 4 月对 J2105 进行交易时,其持仓不得超过 10000 手。

2. 进入交割月后开仓有一定的限制。以焦炭为例,进入交割月后,焦炭期货的头寸必须调整为 10 手或 10 的倍数。

以上概述了投资者无法正常下单进行焦炭期货交易的几种原因,投资者在实际操作中,可能会遇到更多的问题。因此,投资者在进行期货交易前应该熟悉交易规则。

八、怎么计算期货交易中被合约占用的客户保证金？

保证金制度主要指期货交易中的买方和卖方必须按照其所买卖期货合约价值的一定比例（通常为5%~15%）缴纳少量资金，用于履行期货合约的财力担保，并视价格变动情况确定是否追加资金。以上制度就是保证金制度，所缴纳的资金就是保证金。

保证金的收取是分级进行的，可分为期货交易所向会员收取的保证金和期货经纪公司向客户收取的保证金，即分为会员保证金和客户保证金。我国境内期货交易所一般对商品期货合约上市运行的不同阶段规定不同的交易保证金比例，一般来说，随着交割月份的临近，交易所为应对实物交割中可能出现的违约风险，促使不愿进行实物交割的交易者尽快平仓了结，会提高相应的保证金比例。另外，当出现合约持仓量持续增加、某期货合约出现连续涨跌停板、某期货合约交易出现异常情况、某品种某月份合约按结算价计算的价格变化，连续若干个交易日的累计涨跌幅达到一定程度等情况时，交易所均可以提高或者调整交易保证金比例，期货公司调整对客户收取的保证金原理同上。

以客户保证金的计算为例，焦炭期货每手为100吨，若某一投资者当前的开仓价格为2000元/吨，期货公司的交易保证金为合约价值的15%。

1手焦炭期货占用的保证金=合约价值×保证金比例=开仓价格×每手吨数×保证金比例=2000元/吨×100吨/手×15%=30000元/手。

根据以上计算，投资者若按当前2000元/吨的价格开仓进行焦炭期货交易，则占用的保证金为30000元/手。

九、期货交易的保证金是不是动态变化的?

交易保证金会员在交易所账户中确保合约履行的资金是已被占用的保证金，期货交易的保证金一般是不断变化的，焦煤、焦炭期货也不例外，下面以焦炭期货为例予以说明。

(一)交易所可根据合约持仓量的增加提高交易保证金标准，并向市场公布

近年来交易所进行了交易细则的改版，当下不再针对不同的持仓量设置具体的交易保证金标准。是否增加保证金以及增加多少保证金由交易所结合当下的市场交易与持仓情况作出相对灵活性的决定，同时向市场公布相应的情况。

(二)交易所根据某一焦炭期货合约上市运行的不同阶段制定不同的交易保证金收取标准(见表2-3)

在持仓量未发生级别变化的情况下，焦炭期货合约上市运行的不同阶段，交易所保证金也是不断变化的。以J2109为例，自挂牌上市交易开始，J2109合约的交易保证金为5%；交割月前1个月第15个交易日，也就是2021年8月20日起交易保证金为10%；进入交割月份后的第1个交易日，也就是2021年9月1日，交易所交易保证金为20%。

表2-3　　焦炭期货合约临近交割期时交易保证金收取标准

交易时间段	合约交易保证金
交割月前一个月第十五个交易日	合约价值的10%
交割月份第一个交易日	合约价值的20%

（三）当某一焦炭期货合约价格收盘在涨跌停板时，当日结算时合约保证金也要相应提高

涨（跌）停板单边无连续报价是指某一期货合约在某一交易日收市前5分钟内出现只有停板价位的买入（卖出）申报、没有停板价位的卖出（买入）申报，或者一有卖出（买入）申报就成交，但未打开停板价位的情况。

具体规定如下：当交易所上市的商品期货合约在某一交易日（该交易日记为第N个交易日，之后第1个、第2个、第3个交易日分别记为第N+1、第N+2、第N+3个交易日，以此类推）出现涨跌停板单边无连续报价的情况，则该合约第N+1个交易日涨跌停板幅度在第N个交易日涨跌停板幅度的基础上增加3个百分点（例如，如果第N个交易日涨跌停板幅度为前一交易日结算价的4%，则第N+1个交易日涨跌停板幅度则为第N个交易日结算价的7%，下同）。第N个交易日结算时，该合约交易保证金标准为在第N+1个交易日涨跌停板幅度的基础上增加2个百分点（例，如果第N+1个交易日涨跌停板幅度为第N个交易日结算价的7%，则第N个交易日结算时，该合约保证金标准为合约价值的9%，下同）。若该合约调整后的交易保证金标准低于第N个交易日前一交易日结算时的交易保证金标准，则按第N个交易日前一交易日结算时该合约交易保证金标准收取；若第N个交易日为该合约上市挂牌后第1个交易日，则该合约上市挂牌当日交易保证金标准视为该合约第N个交易日前一交易日结算时的交易保证金标准。

若第N+1个交易日出现与第N个交易日同方向涨跌停板单边无连续报价的情况，则该合约第N+2个交易日涨跌停板幅度在第N+1个交易日涨跌停板幅度的基础上增加2个百分点。第N+1个交易日结算时，该合约交易保证金标准为在第N+2个交易日涨跌停板幅度的基础上增加2个百分点。若该合约调整后的交易保证金标准低于第N个交易日结算时的交易保证金标准，则按第N个交易日结算时该合约的交易保证金标准收取。

若第N+2个及以后交易日出现与第N+1个交易日同方向涨跌停板单边无连续报价情况，则从第N+3个交易日开始，涨跌停板幅度和交易保证金标准与第N+2个交易日一致，直至合约不再出现同方向涨跌停板单边无连续报价的情况。焦炭合约连续停板时的风险控制措施见表2-4。

表 2-4　　　　　焦炭合约连续停板时的风险控制措施

交易状况	涨跌停板幅度	交易保证金标准
第一个停板	P	M
第二个停板	P+3%	M1=MA×［P+5％，M］
第三个停板	P+5%	M2=MA×［P+7％，M］

（四）因节假日等突发性原因交易所对期货保证金进行临时性调整以防范风险

一般情况下，交易所在国庆、春节等各项法定节假日前都会相应提高保证金。以 2022 年"五一"劳动节为例，大连商品交易所发布通知，自 2022 年 4 月 28 日（星期四）结算时起，棕榈油品种期货合约涨跌停板幅度和套期保值交易保证金水平调整为 10％，投机交易保证金水平调整为 12％；液化石油气品种期货合约涨跌停板幅度和套期保值交易保证金水平调整为 11％，投机交易保证金水平调整为 13％；玉米期货 C2205 合约、C2207 合约、C2209 合约投机交易保证金水平调整为 13％，涨跌停板幅度和套期保值交易保证金水平维持不变；其他品种涨跌停板幅度和交易保证金水平维持不变。2022 年 5 月 5 日（星期四）恢复交易后，各品种期货合约涨跌停板幅度和交易保证金水平维持不变。

十、什么情况下会被要求追加期货的保证金？

期货市场实行每日无负债制度，因此，对于会员来说，每日收盘结束，若结算后的结算准备金小于最低余额的，会员必须于下一交易日开市之前将资金追加到位。未及时追加到位的，若结算准备金余额大于零而低于结算准备金最低余额，则禁止新开仓；若结算准备金余额小于零，则交易所将按有关规定执行"强行平仓"。

第二章　了解焦煤焦炭期货　51

对于一般客户来说，为了控制风险，期货经纪公司也会制订相应的风险措施来管理客户的风险，但各个期货经纪公司对追加保证金或是强行平仓的规定不尽相同。

案例 2-1

根据以上计算，投资者若按 3400 元/吨的价格开仓进行焦炭期货交易，按 10% 的保证金比例进行计算，则占用的保证金为 34000 元/手。若某客户账户中有 20 万元资金，开仓买入 5 手的焦炭期货，则保证金占用的资金为 17 万元。若当日该焦炭期货合约的结算价为 3300 元/吨，则相对该客户的开仓价下跌了 100 元/吨，相当于下跌了 10000 元/手，当日结算后该客户的保证金余额 = 200000 - 170000 - 10000 × 5 = -20000 元。因此，该客户保证金余额为负数，公司将对该客户通知追加保证金。

 十一、如何理解期货交易限仓制度？

为了避免期货市场风险过度集中于少数交易者和防范市场操纵行为，期货交易所制定了限仓制度对会员和客户的持仓数量进行限制。同时，为了更好地发挥期货市场的功能，为企业经营提供规避风险的工具，交易所一般规定套期保值客户不受限仓制度的约束。

（一）限仓制度

限仓是指交易所规定会员或客户可以持有的，按单边计算的某一合约投机头寸的最大数额。经纪会员、非经纪会员和客户的焦煤、焦炭期货合约在不同时期限仓的具体比例和数额见表 2-5。

一般来说，期货合约持仓量为双向计算，经纪会员、非经纪会员、客户的持仓限额均为单向计算。

表 2-5 焦煤、焦炭合约一般月份（合约上市至交割月份前一个月第十四个交易日）非期货公司会员、境外特殊非经纪参与者和客户持仓限额

品种	合约单边持仓规模（手）	非期货公司会员（手）	客户（手）
焦炭	单边持仓≤50000	5000	5000
焦炭	单边持仓>50000	单边持仓×10%	单边持仓×10%
焦煤	单边持仓≤80000	8000	8000
焦煤	单边持仓>80000	单边持仓×10%	单边持仓×10%

（二）套期保值正常情况下不受限仓制度的限制

企业因业务经营需要申请进行套期保值，在正常情况下不受限仓制度的限制。焦炭的期货套期保值持仓额度分为一般月份（自合约上市之日起至交割月份前第一个月最后交易日）套期保值持仓额度和临近交割月份（自交割月份第一个交易日至最后交易日）套期保值持仓额度，交割月份套期保值额度可在有效期内重复使用。

一般月份套期保值额度有效期自合约上市之日起至交割月份前第一个月最后交易日，交割月份套期保值额度有效期自交割月份第一个交易日至最后交易日，交割月份套期保值额度可在有效期内重复使用。非期货公司会员和客户一般月份套期保值持仓进入交割月份时，交易所将按其一般月份套期保值持仓数量与该品种交割月份投机持仓限额中的较低标准，转化为交割月份套期保值持仓增加额度，此时：

客户交割月可建仓额度 = 交割月份投机持仓限额 + 自动转化的交割月份套期保值持仓增加额度

建仓需求额度通过交易所审核后，交易所套期保值管理系统每个交易日根据已经通过审核的建仓需求额度和交易所套期保值审核原则，计算出客户下一个交易日该品种各个合约的可建仓额度。可建仓额度为交易所允许套期保值客户持有的投机持仓限额与套期保值增加额度之和，是套期保值客户的持仓限额。此时对于客户的限仓要求是：投机持仓不得超过投机持仓限额，保值持仓不得超过可建仓额度，投机和保值持仓之和不得超过可建仓额度。

获准套期保值交易的交易者，临近交割月份套期保值持仓额度获得审批

的会员或客户，应当在套期保值合约交割月份前一个月最后一个交易日收市前，按批准的交易方向和额度建仓。在规定期限内未建仓的，视为自动放弃临近交割月份套期保值持仓额度。临近交割月份套期保值持仓额度不得重复使用。交易所对套期保值交易的持仓量和交割量单独计算，在正常情况下不受持仓限量的限制。

十二、在期货交易过程中，什么情况下会发生强行平仓？

在焦炭期货交易过程中，出现以下几种情况时会发生强行平仓。

一是账户可用资金小于零，且未在规定时间内追加充足的保证金。通常情况下，根据期货交易制度，在进行期货投资时，当投资者账户内的可用资金小于零元，在规定的时间内没有及时补足应缴付的保证金时，投资者持有的有关合约将被部分或全部强行平仓，直至留存的可用资金大于零元。这样可以降低由于保证金杠杆作用所引发的追加保证金风险。

可用资金 = 客户权益 − 所持头寸占用的保证金总额

客户权益 = 上日资金余额 ± 当日资金存取 ± 当日资金调整 ± 当日平仓盈亏 ± 实物交割款项 ± 当日浮动盈亏 − 当日交易手续费

以焦炭为例，如果某投资者账户中原有保证金为 30 万元，某日开仓买进焦炭期货 2209 合约 5 手，成交价位为 3400 元/吨，按照 10% 的保证金比例，投资者需要缴纳 170000 元保证金，如果买入后当日该合约的结算价为 3300 元/吨，那么当日开仓持仓盈亏 = （3300 − 3400）× 100 × 5 = − 50000 元；如果每手合约的手续费为 34 元，那么所需缴纳的手续费为 34 × 5 = 170 元；当日权益 = 300000 − 50000 − 170 = 249830 元；保证金占用 = 3400 × 100 × 10% × 5 = 170000 元；资金余额（即可交易资金）= 249830 − 170000 = 79830 元。

如果该合约的当日结算价降为 3100 元/吨，当日账户情况为：历史持仓盈亏 = （3100 − 3400）× 100 × 5 = − 150000 元；当日权益 = 300000 −

150000 - 170 = 149830 元；保证金占用 = 3100 × 100 × 5 × 10% = 155000 元；资金余额（即可开仓交易资金） = 149830 - 155000 = -5170 元。

显然，要维持 5 手的多头持仓，保证金尚缺 5170 元。按此计算，149830 元的权益可以保留的持仓最多为 4 手焦炭期货。如果该客户在下一交易日开市之前没有将保证金补足，那么期货公司可对其持仓实施部分强制平仓，即强平 1 手焦炭期货。

二是持仓量超出期货持仓限制。持仓量超出投资者限仓规定的，交易所将对该投资者的超仓头寸进行强行平仓。以焦炭为例，若 J2209 合约于 2022 年 9 月 1 日为交割月的第一个交易日，交易所对焦炭期货的持仓限制为经纪公司不超过 900 手，客户不超过 900 手，若此时，某客户持有 J2209 合约 1000 手，则交易所将对其超仓的头寸进行强平，即强平 100 手 J2209 合约。

三是相关品种持仓没有在规定时间内按要求调整为相应整数倍的，焦炭期货应调整为 10 手的整数倍。

四是因违规受到交易所强行平仓处罚的。

五是根据交易所的紧急措施应当予以强行平仓的。交易所的紧急措施是指市场出现极大风险，如连续三日单向停板等，交易所采取的强制减平仓措施。

六是其他应当予以强行平仓的。

小贴士

强行平仓的价格通过市场交易形成。持仓超过限仓规定的强行平仓的执行原则为：客户需要强行平仓的头寸的总体确定原则为先非组合持仓、后组合持仓。其中，平非组合持仓中的期货持仓时，按先投机、后套期保值，再按上一交易日结算时合约总持仓量由大到小顺序选择强行平仓合约。平组合持仓时，按组合优先级由低到高顺序选择强行平仓合约。若多个账户需要强行平仓的，按追加保证金由大到小的顺序，先平需要追加保证金大的账户。若客户在多个期货公司会员处持有投机持仓，则按该客户投机持仓数量由大到小的顺序选择期货公司会员强行平仓。若多个客户投机持仓超仓，则按客户投机超仓数量由大到小顺序强行平仓。

自测题

一、单选题

1. 焦煤每手合约的最小变动值是（　　）元。
A. 10　　　　　　　　　　B. 30
C. 50　　　　　　　　　　D. 100

2. 从数量上来看，在我国的 206 家规模以上焦炭企业中，（　　）企业数量达到 91 家，占比达到 44.17%。
A. 大型　　　　　　　　　B. 中型
C. 小型　　　　　　　　　D. 小微

3. 焦煤期货合约一手为 60 吨焦煤，若投资者建仓买入 5 手焦煤合约，即为买入 300 吨焦煤期货。报价单位为元/吨，最小变动价位为（　　）元/吨。
A. 0.5　　　　　　　　　　B. 1
C. 2　　　　　　　　　　　D. 5

4. 涨（跌）停板单边无连续报价是指某一期货合约在某一交易日收市前（　　）分钟内出现只有停板价位的买入（卖出）申报，没有停板价位的卖出（买入）申报，或者一有卖出（买入）申报就成交，但未打开停板价位的情况。
A. 3　　　　　　　　　　　B. 5
C. 10　　　　　　　　　　D. 15

5. 焦炭的期货套期保值持仓额度分为一般月份和交割月份，其中一般月份指自合约上市之日起至交割月份前第一个月（　　）交易日。
A. 倒数第二个　　　　　　B. 第十五个
C. 第十个　　　　　　　　D. 最后

二、判断题

1. 投资者若想要开仓进行焦煤期货交易，投资者必须明确交易合约、

买卖方向、开平仓、开仓价格、开仓数量。　　　　　　　　　　（　　）

2. 对于会员来说，每日收盘结束，若结算后的结算准备金小于最低余额的，会员必须于下一交易日开市之前将资金追加到位。　　　　（　　）

3. 当日结算价是指某一期货合约当日成交价格按照成交量的算数平均价格；当日无成交价格的，以上一交易日的结算价作为当日结算价。
　　　　　　　　　　　　　　　　　　　　　　　　　　　　（　　）

4. 交易所可根据合约持仓量的增加提高交易保证金标准，并向市场公布。　　　　　　　　　　　　　　　　　　　　　　　　　　（　　）

5. 我国境内的结算分为两个步骤，首先是交易所对会员（期货公司）结算，其次是会员（期货公司）对客户结算。　　　　　　　　（　　）

6. 焦煤期货的交割采取实物交割方式在交易所指定的交割仓库进行，最后交割日期为最后交易日后第5个交易日（遇法定假日顺延）。（　　）

7. 焦煤期货主要采用交割月前的期货转现货交割（期转现）和进入交割月后的集中交割两种方式。　　　　　　　　　　　　　　　（　　）

参考答案

一、单选题

1. B　　2. B　　3. A　　4. B　　5. D

二、判断题

1. √　　2. √　　3. ×　　4. √　　5. √　　6. ×　　7. √

第三章

影响焦煤焦炭期货价格的主要因素

> **本章要点**
>
> 本章主要内容是讨论影响焦煤焦炭价格变动的主要因素,以及探讨如何利用这些规律来指导价格趋势的判断。在了解宏观经济周期和供求关系等传统因素后,把其他非传统因素按一定的逻辑组织起来,以综合分析预测它们对价格产生的综合作用。投资者阅读本章可以对影响价格走势的主要因素有具体的认识,而相关的资料链接也会拓宽投资者的知识面。

 一、焦煤焦炭历史价格走势有何特点?

焦煤焦炭价格是影响煤焦市场的一个重要因素,在市场经济条件下,价格直接反映供需的变化,并调节供需双方的资源配置和生产经营活动,它是国家制定经济政策和企业进行资源配置及生产经营决策的重要基础之一。

1995—2002年,我国焦煤焦炭价格总体上相对平稳。但自2003年以来,在世界经济复苏的推动下,全球钢铁产量持续增长,钢材市场价格大幅上扬,尤其是中国经济的高增长对钢材需求大幅度增加,钢材价格创历史新高。钢铁产量的强力增长拉动了上游煤焦市场的持续火爆,中国的煤焦市场价格以及消费屡创新高。特别是2008年,随着油价连创新高,动力煤、炼焦煤价格的持续上涨带动焦炭价格于7、8月份上涨到3100~3200元/吨以上的高价位。

然而,随着次贷危机愈演愈烈,最终导致了全球经济危机,2008年的焦炭市场似坐"过山车",从9月份前后开始,不到3个月的时间内,价格已经跌至1100~1300元/吨的水平。随着2008年底国家四万亿元投资带来经济的复苏,焦炭价格也随即逐步企稳,2010年,焦炭价格逐步上涨至2000元/吨。

2011年4月15日和2013年3月22日,焦炭和焦煤期货分别上市,改变了原有的定价模式,价格的影响因素逐渐增多,以前只受自己产业链的影响(商品属性),现在价格也受到金融属性的影响,期现价格开始良性互动。

国内钢铁行业和焦化行业,自2011年起迅猛扩张,产能不断投入,2013年达到历史顶峰。在行业生产能力不断提高的同时,煤焦现货价格进入下行周期,截至2016年4月,焦煤、焦炭现货价格均下行至600元/吨的水平。

随后,2016—2018年,国内钢铁行业的供给侧结构性改革有序展开。在生产产能大幅收缩的背景下,钢价先是大幅冲高,煤焦价格随之上行。与此同时,蓝天保卫战不断打响号召。2018年底,焦炭价格再度回升至2000元/吨,焦煤价格同样回升至1700元/吨的高位。

2020年至今,煤焦价格再次经历了"过山车"行情。首先,随着钢铁行业第二次供给侧改革和国内多地能耗双控政策的执行,期间叠加澳煤限制出口、生产安全法加入刑法等事件性影响,煤焦价格不断冲高,创下4000元/吨的历史高位。但在2021年底,伴随房地产行业步入下行周期,现货价格再度下行至 2200～2600 元/吨。2022 年 2 月，由于俄乌冲突引发的世界能源贸易格局改变，煤焦的价格再度冲向新高。

焦煤和焦炭现货价格走势见图 3-1，焦煤指数和焦炭指数走势见图 3-2。

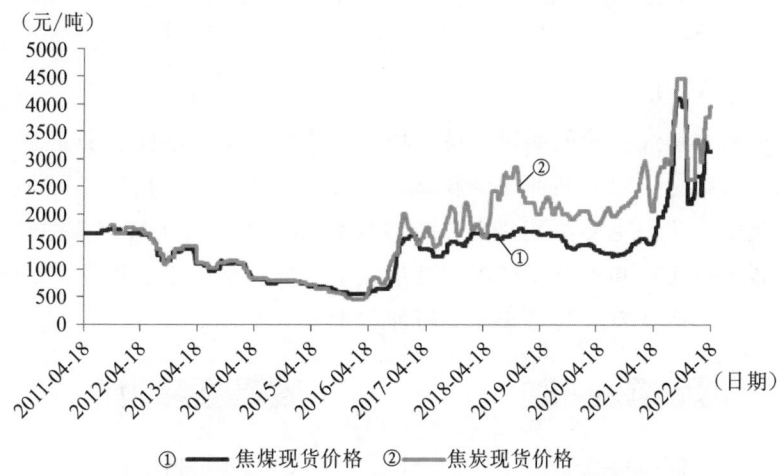

图 3-1　焦煤焦炭现货价格走势

资料来源：我的钢铁网。

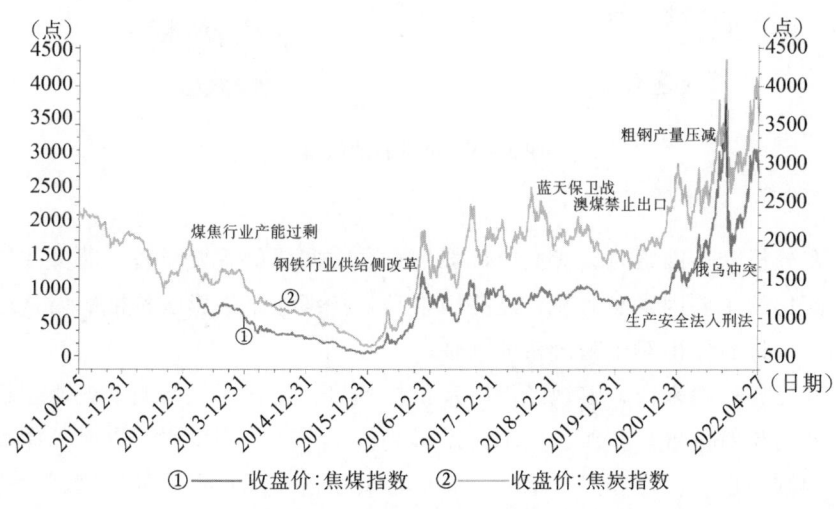

图 3-2　焦煤焦炭价格指数走势

资料来源：万得，信达期货研究所。

二、影响煤焦价格波动的主要因素有哪些?

近年来,焦煤焦炭的期货交易市场愈发成熟,交易制度愈发完善。在商品属性的基础上,两个品种的金属属性也日渐显著。影响焦煤焦炭价格走势的因素众多,我们主要把其分为传统因素和其他因素。传统因素主要包括:供给、需求、库存和宏观经济等;其他因素主要包括成本、投资者情绪、国家政策变化、产业发展趋势和相关行业状况等(见图3-3)。

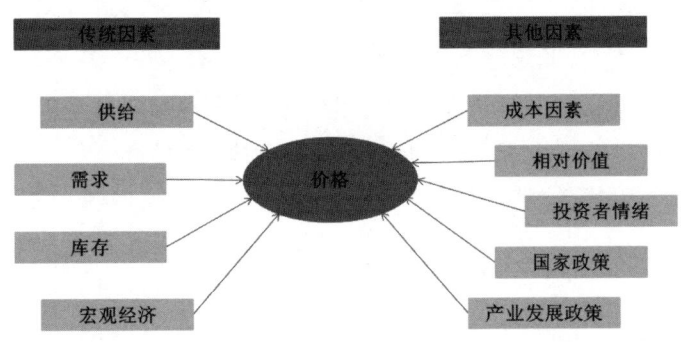

图3-3 价格影响因素

资料来源:信达期货研究所。

在分析众多因素时,我们应该抓住每个时间段的主要矛盾,即关注导致价格变化的主要因素有哪些,这些因素是否持续,未来影响价格的因素还有哪些等,最后作出对未来价格的预估。

首先,一般来说,宏观经济决定价格趋势,把握了经济周期就能理解价格所处的相对位置。其次,供求关系影响价格走势,当供大于求时,库存积压,抑制需求;反之亦然。最后,我们也要了解市场投资者的情绪、国家政策的变化等其他因素。

三、宏观经济形势对煤焦价格的影响重要吗？

焦煤焦炭是重要的工业原材料，其需求量与经济形势密切相关。焦煤的下游是焦炭，焦炭的下游是钢材，对钢材的需求来自房地产、基建、船舶等行业，这些行业又和宏观经济发展密切相关。宏观经济状况决定价格趋势，当经济增长时，煤焦需求增加从而带动煤焦价格上升；经济萧条时，煤焦需求萎缩从而促使煤焦价格下跌。在分析宏观经济时，可以关注领先指标和当期指标。领先指标可以防微杜渐，包括采购经理指数（PMI）、狭义货币（M1）、消费者信心指数等。同步指标的变动时间与一般经济情况基本一致，可以显示经济发展的总趋势，并确定或否定先行指标预示的经济发展趋势。关注这些主要指标时，需要将指标相互印证，注意指标在时间上的意义、预期与实际的差别等。

在进行全球宏观经济分析时，要抓住重点，结合其他。由于宏观经济运行具有周期性，经济分析对工业品期货价格预测的意义在于把握经济周期，关注经济的大趋势。经济周期一般包括复苏、繁荣、衰退和萧条四个阶段。当经济处于衰退时，社会总需求严重萎缩，产品和产能大量过剩，煤焦价格进入下跌周期；当经济从衰退演变为萧条时，大量过剩产能得到清理，大量库存得到不断地缓慢的消化，总供给和总需求回到新的平衡点；随着需求的逐步回升，经济进入了复苏周期，供给呈现越发不足的情况，此时，煤焦价格会在供不应求的状态下缓慢上升；随着投资和消费的增加，经济由复苏向繁荣过度，此时，供给大量的增加，从而进入供大于求的局面，这为煤焦价格下跌埋下了伏笔。经济周而复始地运动，导致煤焦价格也呈现出周期性的规律。

> **延伸阅读**

关于经济周期

一、经济周期定义

经济周期（Business Cycle），也称商业周期、景气循环，它是指经济运行中周期性出现的经济扩张与经济紧缩交替更迭、循环往复的一种现象。一般把经济周期分为衰退、谷底、扩张和顶峰四个阶段。

上升阶段也称为繁荣，最高点称为顶峰。然而，顶峰也是经济由盛转衰的转折点，此后经济就进入下降阶段，即经济周期衰退。衰退严重则经济进入萧条，衰退的最低点称为谷底。当然，谷底也是经济由衰转盛的一个转折点，此后经济进入上升阶段。经济从一个顶峰到另一个顶峰，或者从一个谷底到另一个谷底，就是一次完整的经济周期。

在市场经济条件下，企业家们越来越多地关心经济形势，也就是"经济大气候"的变化。一个企业生产经营状况的好坏，既受其内部条件的影响，又受其外部宏观经济环境和市场环境的影响。一个企业，无力决定它的外部环境，但可以通过内部条件的改善，来积极适应外部环境的变化，充分利用外部环境，并在一定范围内，改变自己的小环境，以增强自身活力，扩大市场占有率。因此，作为企业家，对经济周期波动必须了解、把握，并能制订相应的对策来适应周期的波动，否则将在波动中丧失生机。

二、经济周期的成因

（一）外因论

外因论认为，周期源于经济体系之外的因素——太阳黑子、战争、革命、选举、金矿或新资源的发现、科学突破或技术创新等。

1. 太阳黑子理论。太阳黑子经济周期理论把经济的周期性波动归因于太阳黑子的周期性变化。据说太阳黑子的周期性变化会影响气候的周期变化，而这又会影响农业收成，而农业收成的丰歉又会影响整个经济。太阳黑子的出现是有规律的，大约每十年出现一次，因而经济周期大约也是每十年一次。该理论是由英国经济学家杰文斯（W. S. Jevons）于

1875年提出的。

2. 创新理论。创新（Innovation Theory）是奥地利经济学家J·熊波特提出用以解释经济波动与发展的一个概念。所谓创新是指一种新的生产函数，或者说是生产要素的一种"新组合"。生产要素新组合的出现会刺激经济的发展与繁荣。当新组合出现时，老的生产要素组合仍然在市场上存在。新老组合的共存必然给新组合的创新者提供获利条件。一旦新组合的技术扩散，被大多数企业获得，最后的阶段——停滞阶段也就临近了。在停滞阶段，因为没有新的技术创新出现，所以很难刺激大规模投资，从而难以摆脱萧条。这种情况直到新的创新出现才会被打破，才会有新的繁荣出现。

总之，该理论把周期性的原因归之为科学技术的创新，科学技术的创新不可能始终如一、持续不断地出现，从而必然有经济的周期性波动。

3. 政治性周期理论。朱格拉经济周期的一个主要例证就是政治性周期。政治性周期理论把经济周期性循环的原因归之为政府的周期性的决策（主要是为了循环解决通货膨胀和失业问题）。政治性周期的产生有三个基本条件：

①凯恩斯国民收入决定理论为政策制定者提供了刺激经济的工具。
②选民喜欢高经济增长、低失业以及低通货膨胀的时期。
③政治家喜欢连选、连任。

（二）内因论

内因论认为，周期源于经济体系内部——收入、成本、投资在市场机制作用下的必然现象。

1. 纯货币理论。该理论主要由英国经济学家霍特里（R. Hawtrey）在1913—1933年的一系列著作中提出。纯货币理论认为货币供应量和货币流通速度直接决定了名义国民收入的波动，而且经济波动完全是由于银行体系交替地扩张和紧缩信用所造成的，其中短期利率起着重要的作用。

2. 投资过度理论。投资过度理论把经济的周期性循环归因于投资过度。由于投资过多，与消费品生产相对比，资本品生产发展过快。资本品生产的过度发展促使经济进入繁荣阶段，但资本品过度生产导致的过剩又会促使经济进入萧条阶段。

3. 消费不足理论。消费不足理论的出现较为久远。早期有西斯蒙第和马尔萨斯,近代则以霍布森为代表。该理论把经济的衰退归因于消费品的需求赶不上社会对消费品生产的增长。这种不足又源于国民收入分配不公所造成的过度储蓄。该理论的一个很大的缺陷是,它只解释了经济周期危机产生的原因,而未说明其他三个阶段。因而在周期理论中,它并不占有重要位置。

4. 心理理论。心理理论和投资过度理论是紧密相连的。该理论认为经济的循环周期取决于投资,而投资大小主要取决于业主对未来的预期,而预期却是一种心理现象,心理现象又具有不确定性的特点。因此,经济波动的最终原因取决于人们对未来的预期。当预期乐观时,增加投资,经济步入复苏与繁荣;当预期悲观时,减少投资,经济则陷入衰退与萧条。随着人们情绪的变化,经济也就周期性地发生波动。

三、经济周期类型

自19世纪中叶以来,人们在探索经济周期问题时,根据各自掌握的资料提出了不同长度和类型的经济周期。

(一)基钦周期:短周期

基钦周期是1923年英国经济学家基钦提出的一种为期3～4年的经济周期。基钦认为经济周期实际上有主要周期与次要周期两种。主要周期即中周期,次要周期为3～4年一次的短周期,这种短周期就称基钦周期。

(二)朱格拉周期:中周期

朱格拉周期是1860年法国经济学家朱格拉提出的一种为期9～10年的经济周期。该周期是以国民收入、失业率和大多数经济部门的生产,利润和价格的波动为标志加以划分的。

(三)康德拉季耶夫周期:长周期或长波

康德拉季耶夫周期是1926年俄国经济学家康德拉季耶夫提出的一种为期50～60年的经济周期。该周期理论认为,从18世纪末期以后,经历了三个长周期。第一个长周期从1789—1849年,上升部分为25年,下降部分35年,共60年。第二个长周期从1849—1896年,上升部分为24

年，下降部分为23年，共47年。第三个长周期从1896年起，上升部分为24年，1920年以后进入下降期。

（四）库兹涅茨周期：另一种长周期

库兹涅茨周期是1930年美国经济学家库涅茨提出的一种为期15~25年，平均长度为20年左右的经济周期。该周期主要是以建筑业的兴旺和衰落这一周期性波动现象为标志加以划分的，因此也被称为"建筑周期"。

（五）熊彼特周期：一种综合

此理论是伟大的经济学家熊彼特于1936年以他的"创新理论"为基础，对各种周期理论进行了综合分析后提出的。约瑟夫·阿洛伊斯·熊彼特认为，每一个长周期包括6个中周期，每一个中周期包括3个短周期。短周期约为40个月，中周期约为9~10年，长周期为48~60年。他以重大的创新为标志，划分了三个长周期。第一个长周期从18世纪80年代到1842年，是"产业革命时期"；第二个长周期是1842—1897年，是"蒸汽和钢铁时期"；第三个长周期从1897年开始，是"电气、化学和汽车时期"。在每个长周期中仍有中等创新所引起的波动，这就形成若干个中周期。在每个中周期中还有小创新所引起的波动，形成若干个短周期。

四、如何从库存数量来判断煤焦市场的供求关系？

供求关系直接影响着商品的价格。当市场供求关系处于暂时平衡时，该商品的市场价格会在一个窄小的区间内波动；当供求关系处于失衡时，价格会大幅波动。库存是判断市场供求关系的一个重要指标。一般来说，库存增加显示短期供大于求；反之供小于求。

库存可以分为报告库存和非报告库存。报告库存又称"显性库存"，是交易所定期公布其指定交割库焦煤和焦炭的库存数量。大连期货交易所会在每个工作日公布注册仓单数量（即库存）。非报告库存主要是全球范围内的生产商、贸易商和消费者手中持有的库存，这些库存无专门机构进行统计及对外发布，因此这些库存又称为"隐形库存"。对于非报告库存，投资者可以查阅一些焦煤焦炭现货网站，比如"我的钢铁网"会每周公布天津港、日照港和连云港的库存，也会定期公布典型独立焦化企业和非典型独立焦化企业的库存情况。

> **延伸阅读**
>
> ### "仓库+厂库"焦炭期货交割
>
> 焦炭交易所库存有别于其他品种，其库存是由交易所仓库和厂库组成，这也体现出了焦炭的交割新意。焦炭期货交割地点设置在天津、日照、连云港、唐山港、曹妃甸港、青岛港这六个中转港口，并在晋、冀、鲁三省若干大型焦化厂设立交割厂库，其中，山西作为焦炭期货非基准交割地，相对基准交割地贴水170元/吨。
>
> 自焦炭期货合约上市以来，天津、日照、连云港、唐山港、曹妃甸港、青岛港是我国焦炭贸易的主要集散地和发运港，在我国焦炭外贸出口、内贸中转方面起着重要作用。在焦炭内贸中，这六个港口是华北焦炭内部流通和补给华东及华南地区钢铁企业的主要物流枢纽。天津港不但是我国主要的出口港，也是山西或河北焦炭向南销运的主要发运港，其余五个港口也是我国主要的焦炭内贸港，主要用于辐射华东或者华南。因此，在这六个港口设库可以辐射华东、华南地区。
>
> 2009年以前，我国作为世界上最大的焦炭出口国，出口量常年在1000万吨以上，近十年的出口量均维持在1000万吨以下。2019年，我国66%的外贸焦炭从天津港出口，34%的外贸焦炭从青岛港出口。我国中煤、中钢、五矿、中化等大型贸易企业，以及山西、河北许多大型焦化企业都在港口租赁仓库，开展焦炭内外贸易。在港口设立交割仓库，不仅能够发挥内贸中转集散的作用，而且可以辐射出口，便于大型贸易企业和焦化企业利用期货市场。

第三章　影响焦煤焦炭期货价格的主要因素　67

另外，以上六个港口都具有优越的地理位置、便利的交通和物流设施以及足够的仓容条件、完备的物流设施，能够满足大宗散货物流中转和焦炭期货的交割要求。

在华北这个主流贸易活跃区域内选择规模大、资质高的焦化企业作为厂库，买卖双方无须将交割品运往仓库检验、倒运，可大大降低交割成本，同时也顺应现货贸易习惯，便于现货企业参与套保。

山西作为焦炭主产区之一，被确定为焦炭期货非基准交割地，相对基准交割地贴水 170 元/吨。山西是我国焦炭第一大生产省，但山西本地焦炭消化能力弱，年焦炭产量的 3/4 需要外运，而铁路运力紧张一直是山西省面临的难题，汽运也受到山西丘陵多、平原少等地理条件的制约而难以发挥其应有的作用。从山西与基准交割地的价差情况来看，运输加上杂项的综合费用最高接近 170 元/吨。因此，山西作为我国焦炭贸易的净流出方，对山西厂库相对于基准交割地的厂库和仓库设置贴水 170 元/吨，可以避免山西境外焦炭流入山西，防止出现贸易逆流现象和大规模交割情况，有效防范了交割风险。

资料来源：《中国证券报》，大连期货交易所。

五、行业现状对煤焦价格的影响？

随着我国经济的高速发展，工业化大生产的需求推动了钢铁行业的快速发展，焦煤和焦炭作为钢铁行业重要的上游原料，其行业也随之快速扩张，主要集中在游离于上游的煤炭企业和以煤炭为原料生产焦炭的焦化企业。在 2000 年至今的二十多年里，煤炭、焦化行业在繁荣与衰退间不断轮回，先是面临产能大幅投入，随后在政策调控之下，又面临产能大幅压减。在自身供需宽松转为紧俏后，煤焦的价格整体先抑后扬，至今处于易涨难跌的境地。

盈利能力是指企业通过经营活动获取利润的能力。毛利率是行业企业获利的基础，是判断行业内企业是否盈利的重要标准。对于毛利率较高且不断增长的行业企业，市场以及业绩动力通常都具备较明显的优势。在过去的20年中，煤炭和焦化行业的毛利率经过了四个阶段的演变。第一阶段是1999—2004年，两个行业的毛利率均稳步上行，受益于下游钢铁行业需求扩张。第二阶段是2004—2008年，由于煤炭价格高企，煤炭行业毛利润持续高位，而焦化行业受上游高成本挤压，毛利率出现下行。第三阶段是2008—2015年，由于受上下游两端挤压，焦化行业毛利率先是回落，煤炭行业毛利润随之下滑。第四阶段是2016—2021年，受益于自身行业和下游钢铁行业供给侧结构性改革，煤焦价格高企，煤炭和焦化行业利润均大幅改善。

第一阶段：受益于需求扩张（1999—2004年）。世界上80%的焦炭用于钢铁冶炼，因此，焦化行业高度依赖于钢铁行业。自2000年开始，经济发展步入新一轮增长期，南水北调、西气东送、西电东输、青藏铁路等一系列"钢铁+水泥"型重大基础设施项目的推进以及房地产、工程机械、汽车等行业的发展，促使钢铁产能迅速增加，焦炭和焦煤的需求量随之快速上升，行业投资加速。截至2004年底，我国机焦生产能力为2.7亿吨。在这一阶段，煤炭和焦化行业盈利增加，行业投资加速，迎来了2000年以来的第一个盈利高峰期。这一阶段，行业的平均毛利率在20%以上，销售利润率、资产保值增值率等各项指标也处于较高水平。

第二阶段：成本压力出现（2004—2008年）。在焦炭行业扩张带动下，焦煤市场的需求不断增加。2004年，焦煤价格开始缓慢上行；2008年，由于资源类产品价格上行，焦炭行业再次出现供求紧张，焦煤价格随焦炭价格快速上行，2008年第一季度九级、十级焦精煤价格环比涨幅接近一级冶金焦，第二季度则环比、同比均超过一级冶金焦涨幅。受成本压力的影响，为避免亏损，2008年部分焦炭企业开始减产，当年焦炭总产量和行业盈利均略低于2007年。在这一阶段，煤炭行业因价格高企，行业毛利润持续高位。但焦炭行业因受制于成本压力，并未同第一阶段一样充分享受到焦炭价格高企带来的收益。相反，焦化行业盈利水平相对下行。

第三阶段：行业产能过剩（2008—2015年）。进入2009年，焦煤价格处于高位，焦炭生产成本加大，单位产品收益缩小；同时，随着行业产能和产量的扩大，焦炭供给和生铁需求间的供求差不断缩小，焦炭价格增速受制于生铁价格增速，焦炭价格上行空间被压缩，焦炭行业难以将生产成本向下游传导，焦炭行业盈利再次被压缩。因受制于下游，煤炭行业毛利润同样在此阶段出现大幅回落。

第四阶段：行业毛利润大幅改善（2016—2021 年）。自 2016 年以来，由于行业产能大幅过剩，煤炭行业和钢铁行业分别面临 3~5 年的供给侧结构性改革。截至 2018 年底，钢铁行业共压减了 1.45 亿吨表内产能。2020 年底，煤炭行业累计退出煤炭产能 9.2 亿吨。供给侧改革期间，煤焦钢价格均大幅上行，截至 2018 年底，螺纹价格上涨 98%，焦煤价格上涨 215%，焦炭价格上涨幅度更大，达 436%。2021 年以来，煤焦价格持续高企，煤炭和焦化行业整体毛利率回升。其中产业利润更多集中于上游煤炭，行业毛利率一度接近 45% 的高位水平。

六、焦煤价格的波动对焦炭价格会产生什么影响？

生产成本是衡量商品价格水平的基础。炼焦煤是焦炭生产的主要原材料，生产 1 吨焦炭约需消耗 1.3 吨炼焦煤，通常情况下，在焦化企业中，上游煤的成本占焦炭成本的 75%~90%，生产成本占到 10%~25%。

我国炼焦煤的储量并不丰富，2020 年全国炼焦煤资源量为 448 亿吨，占全国煤炭资源储量的 27.6%，不仅比重不大，而且品种极不均衡，地区分布差异巨大。分品种来看，我国气煤产量最大，2021 年产量为 4.8 亿吨，占比达 38%。其次是焦煤（2.9 亿吨）和 1/3 焦煤（1.75 亿吨），占比分别为 23% 和 14%。而肥煤、瘦煤、气肥煤的产量分别仅占 8%、5% 和 4%。也就是说，在中国的炼焦煤产量中，各煤种之间的比例非常不协调。在配煤炼焦中，强黏结性的焦煤和肥煤一般应占 50%~60%，但实际上中国焦煤和肥煤的总产率偏低，即我国炼焦工业所需的强黏结性煤至少缺 1/2。特别是中国焦煤和肥煤的可选性又普遍低于结焦性相对较弱、煤化程度较低的气煤和 1/3 焦煤，因而在炼焦精煤中的主焦煤和肥煤比例更显不足。

  作为焦炭的主要生产原料，近几年焦煤价格无论在同比还是环比，均普遍大于焦炭价格增幅，焦煤价格无论是涨幅还是增速均高于焦炭，使焦炭成本上涨幅度大于焦炭价格涨幅，吨焦毛利不升反降。焦煤价格自 2016 年开始大幅上涨，在 2021 年达到历史高点，目前仍保持在高位运行。

  焦化行业是高耗能产业，对资源的依赖性强。从上游煤炭采选业的情况看，山西、河南、内蒙古等省的煤矿整合如火如荼，煤炭生产企业数量大幅减少，原煤成本提高，自然会向下游焦化行业传导。目前，我国 65% 以上的焦炭生产能力为独立的焦化企业所有，绝大部分焦化企业并不拥有煤矿。由于缺乏控制上游焦煤资源的能力，近几年随着焦煤价格的上升，焦炭行业成本快速提升。2020—2022 年，焦煤价格一直处于高位，焦煤价格涨幅也常超过焦炭价格涨幅。以 2021 年为例，柳林低硫主焦煤同比涨幅达 52%，远超临汾准一级冶金焦 9% 的涨幅。我们取焦煤在焦炭成本中的占比为 90%，则随着焦煤价格上涨，在不考虑其他成本上行的情况下，焦炭成本约上升 46.8%，大于一级冶金焦价格涨幅，行业盈利被挤压至极限。近年来，煤炭行业经过整合后，中大型企业占比快速提高。煤炭行业集中度的提高使煤炭企业对炼焦煤等资源品种的调控能力增加。因此，焦化企业在面对上游煤炭企业时，价格话语权将越来越小，未来的焦炭价格将紧随焦煤价格波动（见图 3-1）。

七、钢材价格的波动对焦炭价格会产生什么影响？

  90% 的冶金焦都用于高炉炼铁，焦炭消费高度依赖于钢铁行业的运行，因此钢铁价格与焦炭价格总体呈现周期波动的一致性。由于双方地位的悬殊，钢价对焦炭价格具有牵引作用，钢价上行阶段，钢铁业的景气足以承受较高的焦炭成本压力，焦炭价格表现为上涨；在钢价下跌阶段，钢铁业盈利能力弱化，钢厂可能采取限产、重新议定焦炭价格或延迟付款等措施，焦炭价格从而表现为追随钢价下跌。由于焦炭行业对钢铁行业的高依赖性，焦炭行业价格略滞后于钢铁价格变动。总体来说，钢材价格下降对焦炭价格的影响大，而钢材价格上涨对焦炭价格的影响小。

焦炭消费依赖于钢铁下游产业发展增速的拉动。焦炭行业消费依赖于钢铁行业，钢铁行业下游中，基建、地产和机械、交运和电气等设备制造业耗钢量分别为25%、24%和36%，对钢铁、焦炭行业影响巨大。从2000—2021年的数据可以看出，房地产、汽车、"铁公基"等行业的发展速度远高于焦炭行业的增长，而焦炭行业的消费和生产增长直接受下游行业景气度的影响。焦炭产量与下游需求增长见表3-1。2011—2022年螺纹钢与焦炭价格走势见图3-4。

表3-1　　　　　　　焦炭产量与下游需求增长　　　　　　单位：%

下游对比	焦炭产量增速	焦炭表观消费量增速	生铁产量增速	粗钢产量增速	GDP同比增速	固定资产投资同比增速	房屋新开工面积同比	房地产开发投资完成额同比
2000年	7.25	12.01	4.48	3.15	8.49	9.70	30.60	19.50
2001年	5.30	9.79	18.72	15.91	8.34	13.70	27.20	25.30
2002年	8.75	44.59	9.84	20.34	9.13	17.40	17.60	22.00
2003年	24.48	46.15	25.06	21.20	10.04	28.40	28.50	29.70
2004年	15.99	31.08	25.57	23.20	10.11	27.60	10.40	28.10
2005年	24.40	11.31	28.12	24.60	11.39	27.20	10.60	20.90
2006年	17.40	11.14	19.99	18.50	12.72	24.30	15.10	22.10
2007年	16.30	10.40	15.53	15.70	14.23	25.80	19.40	30.20
2008年	-0.40	7.93	0.36	1.10	9.65	26.60	2.30	23.40
2009年	10.50	9.72	15.60	13.50	9.40	30.40	12.50	16.10
2010年	9.10	9.71	8.05	9.30	10.64	24.50	40.70	33.20
2011年	11.80	9.02	7.23	8.90	9.55	23.80	16.20	27.90
2012年	5.20	8.82	3.60	3.10	7.86	20.60	-7.30	16.20
2013年	8.13	9.18	7.23	7.50	7.77	19.60	13.50	19.80
2014年	0.00	9.63	0.32	0.90	7.43	15.70	-10.70	10.50

续表

下游对比	焦炭产量增速	焦炭表观消费量增速	生铁产量增速	粗钢产量增速	GDP同比增速	固定资产投资同比增速	房屋新开工面积同比	房地产开发投资完成额同比
2015年	-6.50	8.42	-3.13	-2.30	7.04	10.00	-14.00	1.00
2016年	0.60	9.39	1.57	1.20	6.85	8.10	8.10	6.90
2017年	-3.30	8.17	1.62	5.70	6.95	7.20	7.00	7.00
2018年	0.80	10.10	9.28	6.60	6.75	5.90	17.20	9.50
2019年	5.20	8.73	3.67	8.30	6.00	5.40	8.50	9.90
2020年	0.00	9.11	9.95	5.20	2.20	2.90	-1.20	7.00
2021年	-2.20	8.41	-2.30	-3.00	8.10	4.90	-11.40	4.40

资料来源：万得。

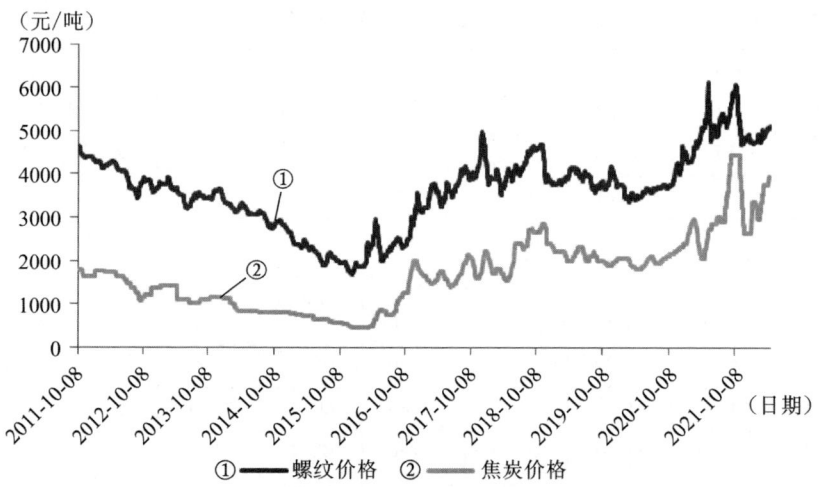

图 3-4 螺纹钢与焦炭价格走势图

资料来源：我的钢铁网。

从钢铁工业焦炭消耗的趋势来看，随着企业炼铁技术的提高，焦比逐步下降，单位钢材生产对焦炭的需求呈现下降的趋势。近年来，重点钢铁企业炼铁燃料比基本维持在 520~530 千克焦炭/吨生铁。若大中型炼铁企业再增加喷煤粉量，炼铁的焦比要继续下降，燃料比可进一步控制至 500 千克焦炭/吨生铁以下。如果普遍采取喷煤粉等措施，炼铁焦比要继续下降。如果焦比降20公斤/吨生铁，一年减少焦炭用量近1000万吨。2013—2019年我国重点钢铁企业入炉焦比见表3-2。

表3-2　　　　2013—2019年我国重点钢铁企业入炉焦比

项目	2013年	2014年	2015年	2016年	2017年	2018年	2019年
燃料比（千克焦炭/吨生铁）	547.36	545.4	543.8	542.6	536.01	526.68	528.47
入炉焦比（千克焦炭/吨生铁）	362.63	362.59	365.2	362.4	368.55	358.44	355.59
喷煤比（千克煤炭/吨生铁）	149.09	147.01	142.68	142.48	142.01	143.5	145.29

资料来源：大连商品交易所。

我国焦炭产能经历了先扩张后收缩的变化。2000年起，焦炭产能不断投放，直至2014年，焦炭产能达到历史顶峰，年产能增至66472.62万吨。随后，随着供给侧结构性改革的深入推进，焦炭产能一路下降，2020年减至60795.87万吨，再度接近2011年60748.64万吨水平。

2008年全国新建投产焦炉产能已超过3000万吨，而且还有700万吨左右产能的焦炉已经建成或已烘炉，只是限于市场下降而暂缓了投产。2009—2010年，一批大中型钢铁企业加快焦炉配套、一批大型煤炭集团焦炭产能扩张、一批大中型独立焦化企业的继续做大等，预期在建和拟建有可能投产的机械化大中型焦炉产能仍高达5000万吨左右。虽然焦化行业在工信部的要求下不断淘汰落后产能，但每年都有新增产能。2010年，我国焦化行业共淘汰落后产能2586.5万吨，同年新投产焦炉57座，新增产能约3371万吨，已远超淘汰掉的产能。

2015年底，全国焦化产能达到6.87亿吨，实际产量为4.5亿吨左右。"十二五"规划下（2011—2015年），全国淘汰落后焦炭产能8016万吨，新建常规焦炉175座，新增焦炭产能10842万吨。同时，企业数量由2010年的730多家减少到602家，企业平均焦炭年产能从68万吨提升到114万吨。

"十三五"期间，焦化行业大力推进供给侧结构性改革，焦化行业化解过剩产能超过5000万吨。与此同时，一批现代化大型焦炉相继建成投产，技术装备研发及应用水平进一步提高。全国焦化生产企业减至500余家，焦炭总产能约6.3亿吨，其中常规焦炉产能5.5亿吨。经过五年发展，行业去落后产能的转型升级取得了实质性成效。

去产能取得一定成就的同时，焦化行业依然面临一定的困难，焦炭产能过剩的现象并未得到根本性解决。在产能过剩的大背景下，独立焦化企业缺少与下游钢铁企业议价的话语权，与上下游的互利共赢关系还没有真正建立，科学合理的定价机制还有待改进。

2016年以来，焦化和钢铁行业均经历了供给侧结构性改革，在供需两端都面临一定缩量的背景下，焦炭供需缺口逐渐走向平衡。未来随着钢铁消费量进一步下降和电炉钢的发展，以及氢冶炼等新技术应用，焦炭消费将呈逐渐下降趋势。同时随着高炉大型化的发展，对焦炭质量要求将逐步提高，优质炼焦煤资源将更加紧缺。

 八、进出口政策变动对煤焦价格的影响如何？

分析焦煤焦炭的供求关系，要关注中国焦煤焦炭的进出口情况。出口价格基本上与国内价格联动，同时配额数量也起到关键作用。

煤焦①进出口量的多少直接影响到市场的供求情况，进而影响到价格。当国内供应不变，进口增加时，如果需求量不变，海外供应增加必将使原本平衡的市场出现供给过剩，价格下跌。同样，出口煤焦会减少国内的供应，必然也会影响到煤焦的供求关系，进而影响价格，其间机制完全一样。

由于我国的产业政策是控制高耗能、高污染产品的出口，而煤炭的生产对能源的需求较大，对环境污染较严重，煤焦属于国家限制出口的商品。2007年以来，在财政部、税务总局、国家发改委等部门联合制定的政策的影响下，焦煤焦炭出口关税逐步上升，出口量大幅度下滑，焦煤出口量从2007年的5317万吨下降至2019年的602万吨，焦炭及半焦炭的出口量则从1530万吨下降到652万吨。尤其是受到《国务院关税税则委员会关于调整铝合金、焦炭和煤炭出口关税的通知》文件的影响，2009年焦炭和焦煤全

---

① 煤焦，即焦煤和焦炭的总称。

年出口分别仅有 54 万吨和 2240 万吨,同比下降幅度达到 95.5% 和 50.7%。2010 年,随着世界经济逐步复苏,我国焦炭出口量也相应增长至 335 万吨。2015 年,焦煤的出口量再度下滑至 533 万吨。近年来,焦煤的出口暂定税率较 2008 年有所降低,焦煤出口量有所上升。但因我国自身资源的供需紧平衡,焦煤年出口量均维持在 1000 万吨以下,总体规模不大,不足最高产量的 2%。因此出口限制政策对国内煤焦行业的整体发展不会产生消极影响。历年进出口关税调整见表 3-3;历年出口量见图 3-5。

表 3-3　　　　　焦煤、焦炭历年进出口关税调整

时间	调整内容
2004 年 5 月 24 日起	焦炭出口退税税率由 15% 调整为 0
2006 年 11 月 1 日起	焦炭进口关税税率由 5% 降低为 0,同时对焦炭征 5% 出口关税
2007 年 6 月 1 日起	焦炭出口关税税率由 5% 提高到 15%
2008 年 1 月 1 日起	焦炭出口关税税率由 15% 提高到 25%
2008 年 8 月 20 日起	焦炭出口暂定税率由 25% 提高至 40% 炼焦煤出口暂定税率由 5% 提高至 10%
2009 年 1 月 1 日起	焦炭、炼焦煤进口最惠国税率均为 5%
2010 年 1 月 1 日起	炼焦煤进口最惠国税率由 5% 降低至 3%
2015 年 1 月 1 日起	炼焦煤出口暂定税率调整为 3%
2022 年 4 月 27 日起	煤炭进口暂定税率调整为 0

资料来源:信达期货研究所。

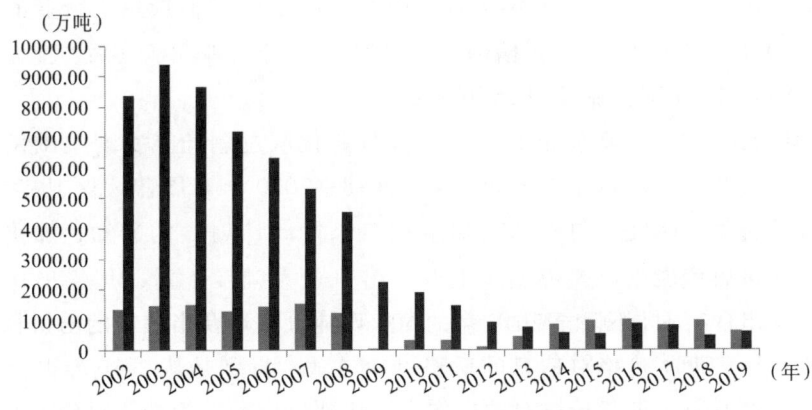

图 3-5　焦煤焦炭历年出口量

资料来源:万得。

九、产业规划如何影响煤焦价格?

所谓产业规划,是指综合运用各种理论分析工具,从当地实际状况出发,充分考虑国际国内及区域经济发展态势,对当地产业发展的定位、产业体系、产业结构、产业链、空间布局、经济社会环境影响、实施方案等作出一年以上的科学计划。

2000年起,在被上下游挤压的同时,深处在产业链中间的焦炭行业产能又是严重过剩,焦炭企业缺乏价格话语权。其上游煤炭行业同样面临产能大幅过剩的问题。国家和行业协会为了改变现状,二十年来制定了众多产业规划,以使该产业链能够健康地成长。2004年,发改委颁布《焦炭行业准入条件》,并于2008年和2014年进一步修订,严格明确焦炭企业申请焦炭项目必须执行的规定,在一定程度上限制了产能快速扩张的步伐。2005年12月,国家发改委第一次发布了《产业结构调整指导目录》,其中明确规定了焦炭行业中鼓励、限制和必须淘汰的产能和设备,正式拉开包括焦炭在内的产业结构调整序幕。2011年4月,山西政府出台了整顿焦炭行业的管理规定。2011年7月11日,工信部发布2011年工业行业淘汰落后产能企业名单,共涉及2255家企业及1975万吨焦炭。

2016年2月,国务院发布关于煤炭行业化解过剩产能实现脱困发展的意见,正式开启煤炭行业去产能之路。2018—2020年开展蓝天保卫战行动,国务院发布关于印发《打赢蓝天保卫战三年行动计划》的通知,加快焦化行业淘汰落后产能。

每次出台行业规划和整顿政策,煤焦现货价格都会出现一定的增长。有了期货以后,期货价格对信息的反映更加灵敏。特别是从2016年开始的供给侧结构性改革,期货价格对此也作出了快速反应。政策变化对价格的影响见图3-6。

第三章　影响焦煤焦炭期货价格的主要因素　77

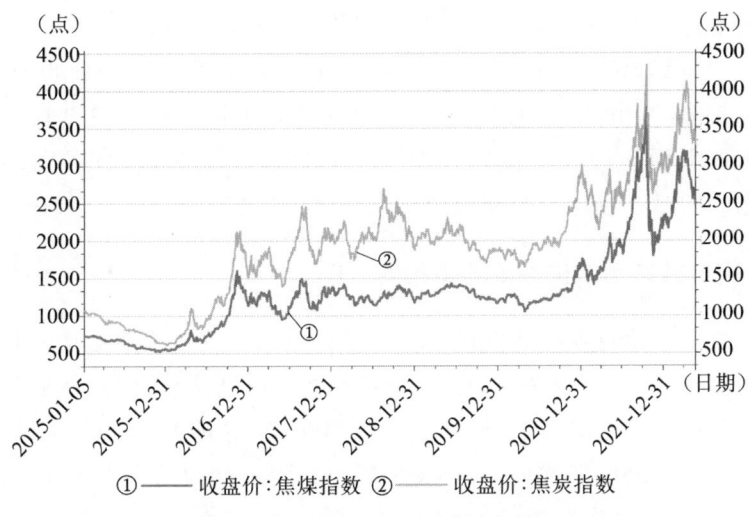

图3-6　政策变化对价格的影响

资料来源：万得，信达期货研究所。

（一）与准入门槛相关的政策

在2003年11月，国家发改委等五部门下发《关于制止钢铁行业盲目投资的若干意见》，规定新建焦炉炭化室高度必须达到4.3米及以上。2004年4月又下发《当前部分行业制止低水平重复建设目录》，规定炭化室低于4.3米的焦炉与土法炼焦同等对待，将被禁止生产。2004年5月和12月，先后下发《关于清理规范焦炭行业的若干意见》和《关于进一步巩固电石、铁合金、焦化行业清理整顿成果，规范其健康发展的有关意见的通知》，对焦化行业进行全面清理整顿。

2004年底，正式颁布了《焦化行业准入条件》，这时对炭化室的高度限制是不得低于4.3米。随着国内焦化产能不断提高，国家逐渐提高了行业准入门槛，在2008年12月工信部修订的《焦化行业准入条件》当中，新建顶装焦炉高度不得低于6米，新建捣固焦炉高度不得低于5.5米。

2014年3月，国家工业和信息化部修订了焦化行业准入条件。其中，对常规焦炉的准入门槛设定照旧，如顶装焦炉炭化室的高度不得低于6米、容积不得低于38.5立方米；捣固焦炉炭化室的高度不得低于5.5米、捣固煤饼体积不得小于35立方米；企业生产能力不得小于100万吨/年。同时工信部进一步升级环保方面要求，规定常规焦炉需同步配套建设煤气净化（含脱硫、脱氨）和煤气利用设施，热回收焦炉需同步配套建设热能回收设施，半焦炉需同步配套建设煤气净化（含脱硫、脱氨）和煤气利用设施。在去产能的同时，焦化行业加速向高质量转型发展。

（二）与供给侧结构性改革相关的政策

为了改变焦化行业整体发展水平较低的现状，促进产业结构优化，国家发改委于2006年3月下发《关于加快焦化行业结构调整的指导意见的通知》，彻底淘汰土焦和改良焦，要求在2007年底前淘汰4.3米以下焦炉（西部地区延至2009年底），在3~5年内，力争使符合《焦化行业准入条件》的焦炭产能占总产能的80%以上，钢铁企业的焦炭产能占总产能的50%以上，扶持企业做大做强，鼓励企业重组、兼并和联合，培育一批具有国际竞争力的企业和企业集团。

2016年2月，国务院发布《关于煤炭行业化解过剩产能实现脱困发展的意见》，正式开启煤炭行业去产能之路。文件强调，从2016年起，3年内原则上停止审批新建煤矿项目、新增产能的技术改造项目和产能核增项目；确需新建煤矿的，一律实行减量置换。用3~5年的时间，煤炭行业再退出产能5亿吨左右、减量重组5亿吨左右。如图3-6所示，2016年以来，焦煤焦炭价格大幅上涨。

（三）与环保相关的政策

早在2003年11月，国家发改委就在《关于制止钢铁行业盲目投资的若干意见》中规定新建焦炉必须配套建设干熄焦、装煤、推焦除尘装置。在2004年底颁布的《焦化行业准入条件》中，规定新建或改扩建的焦炉煤气必须全部回收利用，不得直排或点火炬，必须同步配套除尘装置、煤气净化（含脱硫脱氰工艺）回收、废水生化处理设施，要有足够的废水事故处理备用储槽，不达标废水不外排，焦化废水经处理后内部循环使用。

近十年，焦化行业不断经历深度治理和产业结构性改革。2018—2020年的蓝天保卫战是其一。2017年，两会政府工作报告中首次提出"蓝天保卫战"。随后，2018年7月，国务院发布《关于印发打赢蓝天保卫战三年行动计划的通知》。对于"两高"行业，严控产能，并加大落后产能和过剩产能压减力度，重点区域加大独立焦化企业淘汰力度，京津冀及周边地区实施"以钢定焦"，力争2020年炼焦产能与钢铁产能比达到0.4左右。经过三年多的努力，2021年2月，生态环境部宣布《打赢蓝天保卫战三年行动计划》圆满收官。

（四）与限制出口相关的政策

财政部、税务总局于2004年5月下发《关于停止焦炭和炼焦煤出口退税的紧急通知》，停止焦炭增值税的出口退税。2005年7月，国家发改委在《钢铁产业发展政策》中提出要限制焦炭出口，降低并取消出口退税。从2006年开始，由财政部、国家发改委、税务总局等部门组成的国务院税则委员会逐步提高煤炭出口关税，并由海关总署具体执行。2006年11月开始对焦炭和炼焦煤出口均执行5%的关税，2007年6月提高焦炭出口关税至15%。到2008年8月焦炭和炼焦煤出口关税分别提高至40%和10%，近年来又降至0%和3%的出口关税水平，详见表3-2。另一方面，我国商务部多年来一直对焦炭出口实行配额管理，把焦炭出口规模控制在1000万~1400万吨，出口配额逐年减少，已从最高点的1400万吨降至近年1000万吨的水平。

（五）与安全相关的政策

煤矿大部分是井工矿，生产环境比露天煤矿差，因此更容易发生安全事件，炼焦煤的供给受安全生产入刑的影响更大。2020年12月26日，全国人大通过《刑法修正案（十一）》，这是我国刑法首次对未发生重大伤亡事故或者未造成其他严重后果，但有现实危险的违法行为提出追究刑事责任。在此影响之下，煤矿超产的动机将大大减弱。另外，2022年是国务院安委会实施"全国安全生产专项整治三年行动计划"的最后一年，煤矿安监趋严是大概率事件。无论从煤矿自身的意愿还是从政策的延续性上，安全监管都会成为煤矿供给的重要影响因素。

十、贸易流通对煤焦价格有什么影响?

(一) 焦煤的内贸流通

铁路为主,铁路水运结合是焦煤的主要运输方式。我国煤炭运输有铁路、水路、公路三种方式,铁路以其运力大、速度快、成本低、能耗小等优势,一直是煤炭的主要运输方式,铁路煤炭运输量占全国煤炭运输总运输量的70%以上,占铁路总货物运量的近50%。公路运输用于相邻省份之间的煤炭短途运输,以及煤炭在生产企业与铁路、港口和用户之间的中转运输,对铁路和水运有补充作用。对于山西省,公路运输量约占煤炭外运量的25%。水运方便且成本低于铁路,同时可以不受铁路运力瓶颈影响,因此中国煤炭运输主要采取铁路运输为主、公路运输为辅,铁路水运结合的方式,先通过铁路运输到沿海、沿江港口,再水路运输至南方消费地区。

焦煤内贸流通总体为从北向南、自西向东的格局。我国焦煤资源北多南少、西富东贫,焦煤的生产与供应基本在中、西部地区,而焦煤的消费主要在东部地区,这种错位性布局导致我国焦煤运输形成"北煤南运、西煤东运"的格局,我国东、中、西部经济发展的不平衡在短期内将难以消除,尤其随着能源发展战略和开发重点西移和北移,长距离、大运量的煤炭运输任务将越来越繁重,焦煤"北煤南运、西煤东运"的格局将长期存在。

(二) 焦炭的内贸流通

目前,国内贸易流通过程中的运输方式主要有三种:铁路运输、公路运输及水路运输。铁路适用于运距在500~1500公里的长距离运输,公路是运距在500公里之内的主要运输方式。与汽运相比,铁路运输成本相对便宜。海运的费用最低,而且装载量大,受其他环境的影响较小,但是海运要求供货商必须准备足够的货源,集港时间较短,物流环节较多,对焦炭粒度有一定的破坏。铁路和公路的运量都比较大，但由于铁路长途运费更低，当运力有保障时，远距离运输大多采用铁路方式。对于更长的距离，运输方式通常采用铁路、公路与海河联运的形式。国内焦炭流通格局包括两个大的方面。一是主流向，主要包括三条路径：第一，焦炭由主产地山西、陕西等地通过铁路和公路向华北、华东等地区的流通；第二，焦炭由山西、陕西及其他北方省份通过铁路和公路运到天津港、连云港、日照港后，再经水路销往华东、中南地区；第三，符合由北向南、以华北为枢纽的基本流向的，较临近省份或地区间的流通，如华北省份的焦炭销往华东、中南各省，中南地区北部省份向其南部、华东地区销售等。主流向的特点：一是运输距离长、数量大。二是区域性的焦炭流通，主要是东北地区和西南、中南地区的小范围流通，以及各邻近地区、省份之间与主流向不一致的焦炭流通，其特点是运输距离较短，数量较小，不构成国内焦炭流通的主要流向。

虽然运输费用占煤炭成本不足10%，但出现恶劣天气会影响贸易流通，特别是像2008年的大雪会对运输造成受阻，这种突发的区域性供应紧张形势，反映在期货上，期货价格会出现大幅上涨。

 十一、市场人气对煤焦价格有什么影响？

市场人气就是投机者的心理，一般来说，追涨杀跌是投机者普遍的心理。当市场价格上涨时，赚钱效应会使更多人愿意买进，并且有些人还会进行实物投机，即买进货物后囤积起来。尽管这些购买者并非是货物的真实需求者，但至少暂时加大了需求，加剧了供不应求的局面。当市场价格下跌时，又会发生相反的情况，甚至连实际使用者也会降低储备量，这又加剧了供大于求的局面。

在期货市场上，这一现象表现得尤为突出。在牛市中，人气旺盛，一点点的利好也能刺激投机者买进，从而导致价格上涨；在熊市中，人心思空，投资者对利好视而不见，一些微不足道的利空也能引发新一轮的暴跌。

判断市场人气有很多方法，除了单纯地看商品市场涨跌多少以外，我们还可以看一些指标，比如美元指数、恐慌指数（VIX）等。以美元指数为例，一般来说，美元具有避险功能，当美元指数大幅上涨时，以美元计价的大宗商品价格往往会下跌；当美元指数下跌时，大宗商品价格表现为强势。但美元指数也反映美国经济的好坏，当美国经济快速增长时，大宗商品也会出现同步涨跌的情况。

> **延伸阅读**
>
> ### 恐慌指数（VIX）
>
> 恐慌指数（VIX）是芝加哥期权期货交易所使用的市场波动性指数。VIX是由芝加哥期权交易所（CBOE）在1993年所推出，是指数期权隐含波动率加权平均后所得之指数。通过该指数，可以了解到市场投资者对未来30天市场波动性的预期。
>
> 起初是选取S&P100指数期权的近月份与次月份最接近平价的看涨期权及看跌期权共八个序列，分别计算其隐含波动率之后再加权平均所得出的指数。后来对该指数于2003年进行修正将选取标的从S&P100改为S&P500，并将最接近平价的看涨期权及看跌期权的序列改为所有序列，以透过更广泛的标的物基础，提供市场参与者一个更加能够反映大盘整体走势的指标。
>
> 由于隐含波动率主要反应市场投资人对于未来指数波动的预期，这也意味着当VIX指数越高时，表示投资人预期未来指数波动将加剧。反之，当VIX指数走低，这也表示投资人预期未来指数波动将趋缓，指数也将陷入狭幅盘势格局，VIX也因而不仅代表着市场多数人对于未来指数波动的看法，更可清楚地透露市场预期心理的变化情形，故又称之为投资人恐慌指标（The Investor Fear Gauge）。
>
> VIX越高，表示市场参与者预期后市波动程度会更加激烈，同时也反映了其不安的心理状态；相反的，VIX越低，则反映市场参与者预期后市波动程度会趋于缓和的心态。在指数下跌时，通常VIX会不断升高，而

在指数上升时，VIX 会下跌。若从另一个角度来看，当 VIX 异常高或异常低时，表示市场参与者陷入极度的恐慌而不计代价地买进看跌期权或是过度乐观而不作任何避险动作，而这往往也是行情即将反转的信息。

到底要如何有效的解读 VIX 指数，从 VIX 指数与 S&P500 指数走势图可以发现一项很有趣的现象，当 VIX 指数出现急速地向上攀升，此时指数也正处于跌势时，通常意味着指数距离底部位置不远；反之，当 VIX 指数已来到低档位置并开始做往上翻扬的动作，且同时大盘指数位置也处在多头轨道上时，这表示着未来大盘指数反转的时间逐渐逼近。据观察，VIX 指数对于买进讯号属于同步性指标，而对于卖出讯号则是落后指标。

 十二、焦煤和焦炭是否存在相对价值？

焦煤和焦炭是最基本的能源。焦煤价格的上涨对焦炭市场也有一定影响。一般来说，焦煤价格大幅上扬，对焦炭价格上涨起到了推波助澜的作用。焦煤价格对焦炭价格的影响，一是比价关系促使焦炭价格上涨，二是通过相关产品和行业对两种能源品的需求转换促使焦炭上涨。相反，通常焦炭价格大幅上涨时，对其上游高价焦煤的接受度同样相应提高。

自测题

一、不定项选择

1. 影响焦煤焦炭价格波动的主要因素有（　　）。
   A. 宏观经济周期　　　　　　B. 生产成本

C. 库存 D. 行业政策

2. 下列（　　）属于领先指标。

A. PMI B. 狭义货币 M1

C. 消费者信心指数 D. 失业率

3. 下列（　　）属于外因论。

A. 太阳黑子理论 B. 创新理论

C. 政治性周期理论 D. 消费需求不够

4. 库存可以分为报告库存和非报告库存，下列（　　）属于非报告库存。

A. 生产商库存 B. 贸易商库存

C. 消费者库存 D. 交易所库存

5. 炼焦煤是焦炭生产的主要原材料，生产 1 吨焦炭约需消耗（　　）吨炼焦煤。

A. 1 B. 2

C. 1.3 D. 2.3

6. 下列（　　）说法是正确的。

A. 在牛市中，人气旺盛，一点点的利好就会刺激投机者买进，从而导致价格上涨

B. 在熊市中，人心思空，投资者对利好视而不见，一些微不足道的利空也能引发新一轮的暴跌

C. 一般来说，美元指数与商品价格呈现负相关关系

D. 商品价格和 VIX 指数正相关

二、判断题

1. 心理理论和投资过度理论是紧密相连的，该理论认为经济的循环周期取决于投资，而投资大小主要取决于业主对未来的预期。　　　（　　）

2. 供求关系直接影响着商品的价格，当市场供求关系处于暂时平衡时，该商品的市场价格会在一个窄小的区间内波动；当供求关系处于失衡时，价格会大幅波动。库存是判断市场供求关系的一个重要指标。（　　）

3. 国家调控措施对焦煤焦炭价格走势的影响甚微，其中政策的支撑作

用也不能起到关键性或是转折的作用。（   ）

4. 生产成本是焦炭价格的铁底，不会被跌破。（   ）

5. 通常情况下，在焦化企业中，上游焦煤的成本占焦炭成本的75%～90%，生产成本占到10%～25%。（   ）

6. 经济周期一般由复苏、繁荣、衰退和萧条四个阶段组成。当经济处于萧条时，社会总需求严重萎缩，产品和产能大量过剩，焦炭价格处于下跌周期。（   ）

参考答案

一、不定项选择

1. ABCD   2. ABC   3. ABC   4. ABC   5. C   6. ABC

二、判断题

1. √   2. √   3. ×   4. ×   5. √   6. ×

第四章

生产企业如何利用焦煤焦炭期货

本章要点

本章首先介绍了企业利用期货市场的优势,其次通过列举各种案例分析了企业如何利用焦煤焦炭期货工具解决产品价格下跌或上涨、提前购买、提前销售、库存紧张等问题,分析了基差对套保的影响,以及套保不当会引起的损失。本章内容有助于引导企业合理利用期货工具进行经营管理。

 一、什么是期货的套期保值?

(一)期货套期保值的定义

根据《中华人民共和国期货和衍生品法》定义,套期保值是指交易者为管理因其资产、负债等价值变化产生的风险而达成与上述资产、负债等基本吻合的期货交易和衍生品交易的活动。操作原则上，煤焦期货的套期保值一般是指煤焦现货的生产经营者在现货市场上买进或卖出一定数量煤焦现货的同时，在期货市场上进行与现货市场数量相当但交易方向相反的煤焦期货合约交易，以一个市场的盈利弥补另一个市场的亏损，从而达到规避价格波动风险的目的。

需要特别指出的是，期货市场上交易的某一月份的焦炭期货合约，按照大连商品交易所的规定须是以炼焦煤为主要原料，以高温干馏等办法得到的用于高炉炼铁的冶金焦炭，标准品的质量要求接近一级冶金焦。而大连商品交易所的规定的焦煤期货所特定的焦煤也有标准品质量要求，对于交割中的替代品也有特定的质量差异与升贴水。

但在现货市场上，煤焦品种丰富多样，企业需要进行套期保值的对象不完全是基准交割品，还可以是质量等级较差的焦炭、炼焦煤、兰炭，期货和现货市场上相应的交易对象并不一定完全对等，但基于同类商品的相关性和走势趋同的考虑，目前焦炭行业的上游原材料炼焦煤也可以参与焦炭的套期保值。实质上来说，套期保值是企业通过市场机制，运用现代金融工具和技术，防范和对冲市场价格波动风险，实现企业稳健发展的一种风险管理策略和管理方式。

套期保值的操作具有原则性，行情的变动只能改变其"战术"，并不能动摇其"战略"方向（见表 4-1）。套期保值的基本做法就是买进或卖出与现货市场交易数量相当，但交易方向相反的商品期货合约，以期在未来某一时间通过卖出或买进相同的期货合约，对冲平仓，结清期货交易带来的盈利或亏损，以此来补偿或抵消现货市场价格变动所带来的实际价格风险或利益，使交易者的经济收益稳定在一定的水平上。

表 4-1　　煤焦相关企业面对风险选择不同的套期保值方向

风险敞口	保值方向
面临焦煤焦炭价格下跌的风	卖出套期保值
面临焦煤焦炭价格上涨的风	买入套期保值

（二）期货套期保值的基本原理和原则

1. 期货套期保值的基本原理

对于同一种商品来说，在现货市场和期货市场同时存在的情况下，在同一时空内会受到相同经济因素的影响和制约，因而一般情况下两个市场的价格变动趋势相同。对于焦炭和焦煤来说也是如此，在焦煤、焦炭期货的套期保值过程中，交易的对象都是对应的焦煤、焦炭，在整个宏观和基本面环境中，焦煤、焦炭期货价格和现货价格受到相同因素的影响和制约，引起焦煤、焦炭现货市场价格涨跌的因素也同样影响着期货价格同向的涨跌。

另外，由于期货交割机制的存在，随着期货合约临近交割，焦煤、焦炭的现货价格与期货价格也将趋于一致，市场上基于成本定价操作的大量期现套利交易保证了期货与现货价格走势始终维持在一定的范围内波动。

套期保值正是利用两个市场的这种关系，在期货市场上采取与现货市场上交易数量相同但交易方向相反的交易，从而在两个市场上建立一种相互冲抵的机制，无论价格怎样变动，都能取得在一个市场亏损的同时在另一个市场盈利的结果。最终亏损额与盈利额大致相等，两相冲抵，从而把价格变动的大部分风险转移出去。而期货市场上大量的投机参与者，提供了丰富的对手盘，制造了市场流动性，使期货市场风险转移的功能得以顺利实现。

2. 煤焦期货套期保值的基本原则

套期保值需要遵循四大基本原则，在实际的煤焦期货套期保值过程中，这四大原则必须同时兼顾到，忽略其中任何一个，都将影响最终的套保效果。

（1）交易方向相反原则。交易方向相反原则，指的是在期货的套期保值中，必须同时或者先后在现货和期货市场上进行买卖方向相反的交易操作。只有遵循该原则，才能取得在一个市场上亏损的同时在另一个市场上盈利的结果，才能用一个市场的盈利弥补另一个市场的亏损，达到套保的目的；否则不但不能规避价格波动的风险，反而会扩大价格风险。

（2）商品种类相同或相当原则。在期货的套期保值中，期货市场上交易的是冶金焦炭，但现货市场上的交易对象除了焦炭以外，也可以是焦煤，尽管期现货市场上交易对象不是完全相同，但都属于焦炭产业链上的同类商品，价格走势具有较强的一致性，这也符合种类相同或相当原则。当然，最佳的选择还是以完全一致的品种在期货和现货市场上进行操作，即需要套保的现货为焦煤则在期货市场上对焦煤进行操作，而需要套保的现货为焦炭则在期货市场上对焦炭进行操作。

（3）商品数量相等或相当原则。商品数量相等原则，是指进行套保时，期货的交易数量与现货市场上买进或卖出的相等或相当。只有保证期现市场焦炭交易数量相等或相当，才能在最大限度上使一个市场上的亏损弥补另一个市场上的盈利。当然，期货合约是标准化的，每手焦炭期货合约代表100吨焦炭，每手焦炭期货合约代表60吨焦煤，但在现货市场上买卖数量不一定是100吨或60吨的整数倍，而且在实际操作中由于资金限制等原因，往往期货上的套保量要少于现货市场的交易量。

（4）月份相同或相近原则。月份相同或相近原则，是指所选用的煤焦期货合约的交割月份应与未来在现货市场上实际买进或卖出煤焦期货的时间相同或相近。随着交割期的临近，期现价格有着趋于一致的规律，这令煤焦期货的套保效果更佳。

（三）期货套期保值的类型

按照在期货市场上所持的头寸，套期保值又分为卖方套期保值和买方套期保值。卖出套期保值（空头卖期保值）是套期保值者首先卖出期货合约，持有空头头寸，以保护他在现货市场中的多头头寸，旨在避免价格下跌的风险，通常为焦化企业、煤炭企业等生产者和焦炭贸易商等经营者所采用。

案例 4－1

2019 年 9 月，河南某焦化企业与湖北一家钢铁企业签订了 11 月份销售 3000 吨焦炭的合同。该焦化企业担心到时价格下跌影响利润，于是在期货市场上以每吨 1990 元的价格卖出 30 手 J2001 合约的焦炭，此时现货价格为 2000 元/吨。到 11 月份，现货价格跌至 1850 元/吨，该企业履行现货合约时每吨亏损 125 元，但在期货市场上按每吨 1725 元平仓，每吨盈利 275 元。这样期现两者核算，不仅规避了焦炭价格下跌，还获得了 150 元/吨的额外收益。

买入套期保值（多头买期保值），是套期保值者首先买进期货合约，持有多头头寸，旨在避免价格上涨的风险，通常为钢铁企业、贸易商等所采用。

案例 4-2

某钢厂计划两个月后购进 5000 吨焦炭，3 月份焦炭现货价格为 1950 元/吨，5 月期货价格为 1980 元/吨。该企业在签订销售合同的同时，为了锁定生产成本和利润，在期货市场上买入 50 手 5 月连焦。到了 5 月份，假设现货升至 1980 元/吨，期货为 2010 元/吨。该厂于是买入现货，每吨亏损 30 元，同时对 50 手焦炭期货卖出平仓，每吨盈利 30 元，两个市场盈亏相抵，锁定了焦炭的采购成本。

表 4-2 和表 4-3 列举了煤焦相关企业在面临不同情况时所采取的套期保值类型。

表 4-2　　　　焦煤焦炭相关企业不同情况下的套期保值操

企业具体情况	企业面临风险	保值方向
原材料采购途中	面临价格上涨的风险	买入套期保值
购入原材料/半成品采购在途	面临价格下跌的风险	卖出套期保值
原材料/半成品入库为生产	面临价格下跌的风险	卖出套期保值
生产过程中	面临价格下跌的风险	卖出套期保值

表 4-3　　　　不同企业类型的套期保值目的和方向

企业类型	利用期货套期保值手段	套期保值方向
生产企业	提前锁定企业生产利润	卖出套期保值
	为库存保值	卖出套期保值
	扩大虚拟产能	买入套期保值
贸易商	为库存保值	卖出套期保值
	提前锁定贸易利润	买入套期保值
	进行期现套利	—
	跨合约套利	—
终端需求商	提前锁定企业生产利润	买入套期保值
	为库存保值	卖出套期保值

延伸阅读

套保过程中应当注意的问题

套保并不是建立期货头寸即可高枕无忧，由于期货交易中的保证金制度、每日无负债要求、基差变动等因素，套保过程仍存在许多未知风险。我们以德国金属公司 MGRM 分公司参与石油期货套保失败为例，分析套保过程中应当注意的问题。

德国金属公司 MGRM 为大规模介入美国能源市场，于 1992 年与 Castle 能源公司签订了 10 年期的远期供油合同，并于 1993 年下半年开始在期货市场上进行套期保值操作。根据其产品性质，MGRM 分别建立了原油、无铅汽油和 2 号取暖油的期货多头头寸，符合套保标的与期货合约一致性的要求。但由于 MGRM 套保标的的期限与主力合约不一致，根据期货头寸的平仓与现货市场销售或签订销售合约需要同步进行的原则，MGRM 公司采取了延展式套期保值。他们判断石油期货市场大多时候为反向市场，多头的延展式套保会带来额外的盈利，即使出现亏损，总体上延展收益也将大于亏损。然而，由于 OPEC 在减产问题上没有达成一致，导致油价大跌，跨期基差出现剧烈的反向变动，MGRM 公司多头头寸出现大幅亏损。在此期间，MGRM 没有制订有效的应急措施，而是到了其头寸亏损严重，NYMEX 要求其提供"超级"保证金，并宣布撤销其头寸的套保豁免后，才被迫大量平仓。最终，MGRM 公司亏损 13 亿美元，并花费了 10 亿美元与 Castle 能源公司解除长期合同，在银团的 19 亿美元援助下才避免破产。在此案例中，首先，MGRM 公司建立的期货头寸量过于巨大，超出了市场容量，因而面临着极强的流动性风险；其次，在延展套保中保持着投机心理，希望通过有利的基差获得额外的收益，偏离了套保的宗旨；最后，没有及时根据基本面的变化调整策略，缺乏相应的研究人员与风险管理机制，最终导致巨额亏损。

近年来，国际大宗商品定价模式发生了根本性改变，期货价格成为国际贸易的重要参考依据。世界 500 强企业中，超过 90% 的企业使用金融衍生品来管理企业面对的各类商业和价格风险，套期保值已经成为国际大企业的通行做法。我国期货市场自2005年以来取得了快速发展，与国际市场逐步接轨，在全球一体化进程中，我国企业必须积极适应商品的期货定价模式，进一步了解期货市场并积极参与其中，以抵御市场价格大幅波动或者行业系统性风险。不参与套保，等同于一种投机，即认为价格不会朝向对自己不利的方向运动，企业将被动接受价格不利变动的后果。

对于在夹缝中生存的焦化企业来说，他们有自身天然的产业优势，具备现货市场领域的经营和信息优势，因此，合理运用焦炭期货可以轻松实现套期保值目标，为其稳健经营保驾护航，实现企业的可持续发展。可以说，谁最先在期货市场站住脚，谁就能够取得先机，获得比竞争对手更广阔的发展空间。

二、企业利用期货套期保值有哪些优势？

商品从生产、加工、储存到销售的过程中，其价格会不断地发生变化，并且价格变动的趋势难以准确预测。如何有效规避价格波动的风险，提高企业经营效益，是每一位管理者都必须面对和认真思考的课题。期货市场正是在这种愿望的推动下得以产生、存在和发展的，期货市场特有的价格发现和套期保值功能是市场经济条件下企业生产经营不可或缺的工具和重要组成部分。在全球经济一体化的今天，企业的经营管理者必须了解期货市场，充分利用期货市场的功能为企业的生产经营服务，才能更好地领导企业在激烈的竞争中立足并不断发展壮大。

期货市场本质上是一种管理风险的金融工具，它可以帮助解决现货企业在生产、加工和贸易过程中产生的风险、融资、库存、定价等多方面问题。企业参与焦炭期货套期保值，主要有以下优势：

（一）利用期货市场主动掌握定价权

企业的生产经营是连续的，而资金常常是有限的，当企业库存不足而价格又处于高位时，为保证生产经营的持续性该怎么办？没有期货市场，企业可能只有在高位买入原材料，有了期货市场以后，企业可以在买入实物原材料的同时卖出对应数量的期货合约，在期货价格下跌之后平仓，这样既保证了企业生产经营的持续性，又掌握了定价权的主动性。

（二）锁定原材料的采购成本或产品的销售利润

这对于产品价格相对固定或者生产成本相对固定的企业来讲尤为重要。通过套期保值，企业可以跟进既定的成本来安排生产经营，稳定其生产经营活动，进而达到对社会成本的稳定作用。

（三）库存管理

库存管理包括降低企业库存成本和锁定库存风险。由于期货合约代表着相应的实物量，企业增加库存只需要买入对应的期货合约即可。比如焦化企业需要4000吨的焦煤库存，买入1000吨的现货焦煤和3000吨的焦煤期货合约，不仅可以达到买入4000吨焦煤的目的，而且3000吨焦炭只要450吨焦煤的资金（按照期货保证金15％计算），同时也减少了3000吨焦炭的仓储费，用买入期货的方式来代替实物库存，节约了仓储成本。当期货合约价格近月高，远月低的时候，还能增加换月收益。同时对于加工和下游企业来说，当市场处于高位或在下跌趋势中，卖出套保也是非常必要的，这样可以防止现货贬值。

三、相关企业套期保值的基本策略包括哪些？

相关企业在具体操作套期保值的过程中，需要考虑保值方向、入场时机、套保比例、基差变化、离场方式等多方面因素,这样才能保证套期保值取得良好效果,并且避免相关错误性操作的发生。

(一) 在参与期货套期保值之前的准备

1. 期货和现货价格的同向变动是套期保值的机理所在

煤焦期货套期保值的机理,主要来自于期货市场价格和现货市场价格总体上一致的变化趋势,在同一时间过程中,煤焦期货合约与现货价格基本处于同涨同跌的状态。这种价格变动方向的吻合建立了两个市场之间的联系,也使煤焦期货套期保值的目的与功能得以实现。

2. 期货套期保值的目的是追求"平稳"和"保值"

参与套期保值的企业必须切记,套期保值是规避风险的平台,并不是赚取利润的工具。期货的套期保值,追求的是对现货商品稳定购买或销售的一种保障,能够帮助企业更好地平抑经营管理中的风险,追求的是"平稳"和"保值"。

3. 正确看待套期保值头寸的"盈"或"亏"

套期保值作为保值的工具并在期货市场上不一定是盈利的,有时会出现一定亏损,但与此同时在现货市场上往往是盈利的;同样地,套保的盈利往往又能对冲掉现货市场上的亏损。因此,套保中的"盈"或"亏"都是企业在为现货保值中正常出现的情况,企业如果在套期保值操作中,害怕亏损的出现,则违背了套保的目的。

(二) 确定期货套期保值的方向

参与焦煤焦炭期货套期保值的企业需要根据企业自身面临的价格风险,确定相应的保值方向。套期保值理论上的买入保值和卖出保值,主要就是说"担心什么价格风险,就在期货市场上进行对应的操作"。

以焦化企业为例,其主要风险就是焦炭价格下跌的风险,和原材料价格上升张的风险。如产品暂时未销售、销售但未确定价格、确定价格但对方违约等情况,这都需要做卖出保值。又比如,原材料暂时未购买,但是已经签订了交货的合同,担心在生产过程中原材料焦煤的价格上涨,那么焦化企业也可以参与焦煤期货的买入套保。当然,企业也可以以其他理由进行买入保值的操作，比如：期货市场价格明显低于企业成本，企业可以买入期货降低开工负荷；买入期货合约，为已经签订的销售合同提供货源，增加虚拟产量；在满负荷生产下，买入期货合约扩大企业实际产能。

（三）根据市场趋势判断，确定入场时机

煤焦相关企业套保入场时机的选择，应该是建立在对市场趋势性判断的基础上的，而不是期货市场价格和现货市场价格的相对高低。若只根据一时期货价格高于现货价格就进行卖出，如果价格趋势继续向上，企业的卖出保值则处于不利地位。因此，企业卖出/买入套保需要建立在长期时间周期的角度。

与此同时，入场的时候还需根据当时的市场行情，选择套期保值比率。理论上讲，套保的数量同风险敞口相当，但在实际操作中，遵循具体情况具体分析的原则。以卖出保值为例，当市场价格处于上涨趋势中，保值的比重可相对较小；当市场价格处于下跌趋势中，保值的比重则相对较大；当市场价格处于横盘整理状态之中，则可根据企业自身意愿和情况进行选择。

（四）基差决定套期保值效果

套期保值的原理是现货价格同期货价格的同向运动，套期保值效果的好坏取决于现货价格同期货价格的差值的变动，即基差的变动。我们知道，期货市场价格容易受到资金作用的影响，产生比较大幅度的波动，这对企业卖出保值的入场是一个机会，同时对企业保值效果也会产生影响。企业需要注意的是，基差变动的不同是导致保值整体盈利还是整体略微亏损的主要原因。无论盈亏如何，套期保值避免了企业的巨大损失的效果没有变。套期保值盈利能够超过现货亏损最好，不能超过导致的微亏也是允许的。

（五）调节平仓了结和实物交割的比重，有效利用期转现交割手段

在焦煤焦炭期货套期保值结束阶段，主要有两种了结方式——平仓了结和实物交割。以焦炭期货卖出保值为例，一般以平仓了结的方式为主，即在焦炭现货销售逐步完成后，对焦炭期货合约进行买入平仓。期货市场的实物交割所占比重相对较小，主要是因为平仓了结的方式非常灵活，而实物交割

则需要涉及运输、检验、入库、储存等相关繁琐环节，并增加了成本。

对于企业卖出套期保值，了结的方式应该采用平仓了结和实物交割结合、偏重平仓了结，将实物交割作为保障的方法。偏重平仓了结会减少被套风险，可以根据市场以及企业的情况随时作出调整，有利于企业的主动性。实物交割作为保障，一是可以拓展销售路径，找到忠实的"需求商"，二是可以利用生产企业天然空头的优势保护自身头寸。由于交易所对上市品种均有持仓限制和交割数量限制，大型企业可以申请套保额度来完善自身的了结方式。此外，企业可以通过交易所或者期货公司采用期转现的交割方式进行持仓了结。

小贴士

虚拟库存

虚拟库存是虚拟经济的一种形式，通过某种方式形成所需要的资源，而库存不一定确实拥有。这种社会资源就相当于一个庞大的仓库所具有的库存储备。由于它具有虚拟性，所以称之为虚拟库存。

四、企业在生产经营中对套期保值的定位应该是什么样的？

随着中国经济与世界经济的进一步融合，国内商品价格的波动与全球的联系也越来越紧密，特别是 2008 年以来，由于原材料商品价格出现的巨幅波动，使相关企业的生产经营出现巨大风险。而与此同时，国内期货市场也出现了历史性的突破与发展，企业参与期货套期保值的需求越来越迫切。事实上，越来越多的企业已经开始积极参与到期货市场中来进行套期保值的操作。那么，企业在生产经营中对套期保值要准确定位，必须明确两点：

（一）了解套期保值对企业的作用

企业必须清楚套期保值对企业生产经营的作用，只有如此才能合理地给套保一个准确的定位；而只有确定套保在企业生产经营中的定位，套保才能真正成为企业整个生产经营中的一个正常环节，套期保值在企业中才能真正具有可操作性。

简单来讲，套期保值对于企业的作用就相当于买保险，那么企业买的是什么保险呢？相当于为企业的原材料、产成品买了保险。企业规模越大，越需要这种保险；原材料或产成品的价格波动越大，越需要这种保险。期货市场就是为企业转移和规避价格风险而成立的，企业参与期货市场就是来转移和规避风险的，这就是套保在企业生产经营中的定位。对于企业来讲，期货市场就是一个风险管理工具（切记，它就是一个工具，而不要把它当成现货批发市场）。很多企业一提套保，就认为需要交现货或接现货。其实，套保的操作绝大多数都是以对冲的方式了结的，即在期货市场做一笔与原来交易方向相反的交易来了结我们的期货合约，我们是把期货当成一个为现货服务的工具，而不是现货批发市场，企业必须明确这一点。

（二）明确套保成功与否的标准[①]

我们必须要有一个清晰的标准来评判我们的套保操作是否成功，因为盲目的套保并不总是对企业有利，有时甚至会带来额外的损失，比如在2021年的大牛市中，若企业简单地做卖出套保，将损失严重。那么，我们该如何来评判套保是否成功呢？

对于原材料买入者来讲，套保成功与否的标准就是：你的原材料买入价是否低于市场平均价。只有原材料的买入价低于市场平均价才能说你的套保操作是成功的，若通过套保操作，你的原材料买入价还高于市场平均价，则你的套保操作肯定就是失败的。买入价比平均价越低，说明套保越成功，否则就越失败。通过很好的策划，利用周全的套保方案我们是可以做到这一点的。

---

① 资料来源：《期货日报》。

对于产成品卖出者来讲,即卖出套保来讲,评判成功与否的标准就是:你的商品卖出价是否高于市场平均价,只有高于市场平均价才能说你的套保是成功的,若低于市场平均价则意味着套保失败。通过这个标准,我们应该认识到,对于套保来讲,我们并不一定能完全保证企业在任何情况下都能盈利,但只要我们比市场平均价高——对于卖方来讲,或低——对于买方来讲,我们就是成功的,因为这样你在行业中就已经处于有利的竞争地位了。所以,有时候当市场状况极其糟糕的时候,即使亏损我们也要进行保值交易,因为这样可以最大限度地减少我们的损失,在这种情况下,减少损失就是我们保值的目的。对于这一点,企业应该特别注意。

五、当价格下跌、库存高企、资金缺乏、库存贬值时,煤焦生产企业该如何应对?

作为焦炭或焦煤的生产企业,最担忧的一个问题可能就是焦煤、焦炭库存积压,销售不畅。当库存积压时,通常意味着企业的流动资金被大量占用,一方面,造成现金流缺乏,企业难以购入炼焦煤等原材料,无法平稳连续生产;另一方面,意味着产品存在减值价跌的风险,企业随时可能遭遇亏损的困境。

当库存压力成为不能背负之重的时候,生产企业只有两条出路,一是库存需求保值,二是能快速将库存变现,获得流动资金,开展新的经营。

对于这两点,期货市场能够给予合适和及时的解决方案。针对第一点,企业可以在期货市场上卖出保值,规避库存的跌价风险。现货市场的销售不畅,很大程度上是由于现货贸易是"点对点"的模式,一旦双方对未来的走势判断无法达成一致,"点对点"的联系也相应中止,贸易活动难以正常展开。而在期货市场上,由于存在大量的以博取价差收益为目的的投机者,使得流动性充裕,"点对点"的模式对于某一个生产企业来说就转换成了"点对面"的模式,销售对象有数量级的激增,相应的销售渠道也自然拓开。针对第二点，企业可以通过期货市场，将其库存注册为满足期货交割规则的仓单，从而进行标准仓单质押融资，为企业获得流动资金。

案例 4-3 利用标准仓单质押融资，解决库存积压难题

山西临汾某焦煤开采企业是一家小型的焦煤开采企业，年产焦煤 20 万吨，由于公司规模较小，自有资金不足，向银行融资难度较大，限制了公司业务的发展。2019 年秋季，焦煤价格处于下跌行情中，该焦化企业也遭遇到了销售不畅，库存积压的难题。此时，公司想到了利用期货市场的标准仓单质押融资的方法，通过某商业银行和大连商品交易所，把公司生产的焦煤注册成 200 手（12000 吨）标准期货仓单进行质押融资（质押率约为 75%），获得资金约 1215 万元，从而加速了企业的资金周转，扩大了融资渠道，解决了公司焦炭库存过大，占用流动资金的难题。

案例 4-4 焦炭期货卖出保值，现货市场降价促销

当焦炭价格持续下跌时，市场信心往往受挫，买家观望情绪上升，"买涨不买跌"的心理使焦炭销售困难加大。在这种情况下，完全可以利用期货市场规避这种风险。河南平顶山某焦化企业正是遇到了上述难题，该企业年产焦炭 80 万吨，主要生产二级冶金焦，由于炼焦煤价格坚挺，焦炭的生产成本比较高，造成焦炭的利润率很低，基本处于盈亏平衡点的边缘，看着高企的库存，降价销售的话将导致企业亏损，不降价的话无法顺利出货，而且库存也占用了大量的流动资金，导致企业没有资金去采购原料炼焦煤，使得下一步焦炭的生产也会遇到问题，企业的正常生产经营面临困境。这个时候，企业负责人想到了利用期货市场解决这个难题（见表 4-4）。

表 4-4 解决对策

期货市场	现货市场
卖出相应的空头头寸	降价促销
买平相应的空头头寸	销售完成
结论：以期货盈利弥补现货亏损	

2019年9月，焦炭期货经过前一波下跌后价格反弹至2000元/吨左右，当时企业的二级冶金焦车板价格为1900元/吨。9月16日，J2001合约的价格在1981～2025元/吨波动，该企业将2万吨焦炭库存在期货市场上卖出保值，卖出均价在2010元/吨，成交200手，同时积极在现货市场寻找买家，进行降价促销。9月25日，该企业与一家焦炭贸易企业签订了合同，以1850元/吨的价格出售焦炭1万吨，同时在期货市场买入平仓100手，成交均价为1895元/吨。10月18日，该企业与一家钢材企业签订了购销合同，以1730元/吨的价格出售焦炭1万吨，当天在期货市场上以1780元/吨的价格买平了剩下的100手焦炭期货。最终期货盈利约345万元，现货亏损约220万元，通过利用期货工具，该焦化企业规避了风险，保证了企业的正常生产，掌握了焦炭销售的主动权。

小贴士

什么是标准仓单质押融资

标准仓单质押融资业务，是指企业以自有的标准仓单作为质押物，银行基于一定质押率向企业发放信贷资金，用于满足短期流动资金需求，或用于满足交割标准仓单资金需求的一种短期融资业务。该业务可接受的标准仓单，可以是企业将商品按规定入库后由指定交割仓库签发所得，也可以是企业自交易所交割所得。

该业务的优势：标准仓单质押融资业务，可有效解决标准仓单占压资金出现的流动性问题，或在没有其他抵质押品和第三方保证担保的情况下，为企业提供资金购买标准仓单，在期货价格较低时完成原料采购，从而锁定价格、降低成本。

适用于该业务的企业特征：企业持有的期货仓单占压大量资金，企业的资金流动性受到影响；企业希望降低和锁定成本，通过期货市场购买原材料，又苦于资金不足，不能完成标准仓单的交割。

申请条件：若企业从事与期货商品相关联的生产、加工和贸易活动，具备一定的期货交易经验，且提供期货经纪服务的期货公司资质优良，即可以向银行申请标准仓单质押融资。如果企业手中持有经三家期货（商品）交易所注册生效的期货商品所对应的标准仓单，则可以将持有的标准仓单作为质押，向银行申请短期流动资金融资。如果希望通过融资完成标准仓单的交割，也可以申请标准仓单质押融资，通过银行、期货公司等几方的配合，将融资款项用于标准仓单交割，然后将标准仓单质押给商业银行，待归还贷款后持标准仓单提货。

目前，我国多数商业银行已经开展此项业务。

标准仓单的质押率一般为仓单价值的75%，可以根据仓单品种的现货价格区域状况进行调整。具体业务流程以深圳发展银行（以下简称"深发展"）为例，见图4-1、图4-2。

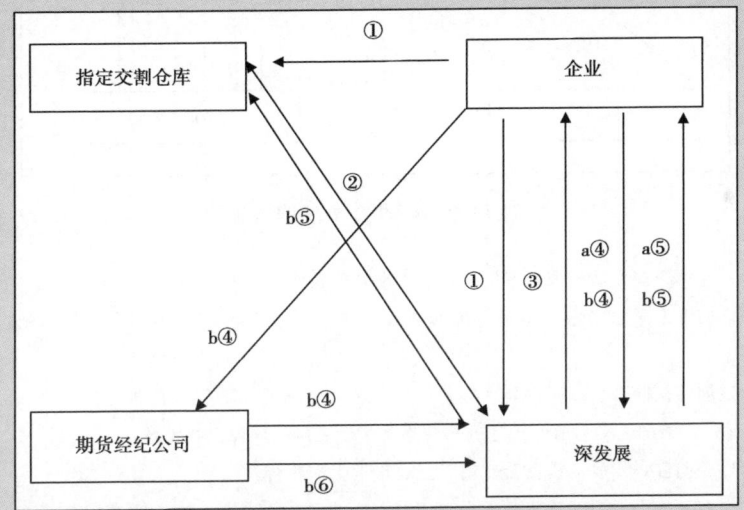

图4-1 标准仓单的流程

①企业向深发展提交"标准仓单出质申请书"，并自行通过上期所的相关电子系统向指定交割仓库提交质押登记申请。

②深发展通过上期所相关电子系统确认提交质押登记的标准仓单，并与指定交割仓库完成质押登记。

③深发展向企业发放授信。

在企业以自有资金偿还授信的情况下：

a④企业补交保证金(或提供新的足值标准仓单,或偿还深发展授信);
a⑤深发展向企业释放相应的质押标准仓单。
在企业需要以卖出期货合约方式来偿还深发展授信的情况下:
b④企业设立卖方合约头寸后向深发展出具"标准仓单实物交割申请书",并与期货公司一起向深发展出具持仓证明;
b⑤深发展与指定交割仓库及企业办理解除质押手续;
b⑥期货公司将已解除质押登记的标准仓单用于对应卖盘合约的实际交割,并将所得资金划至银行账户用于偿还银行授信。

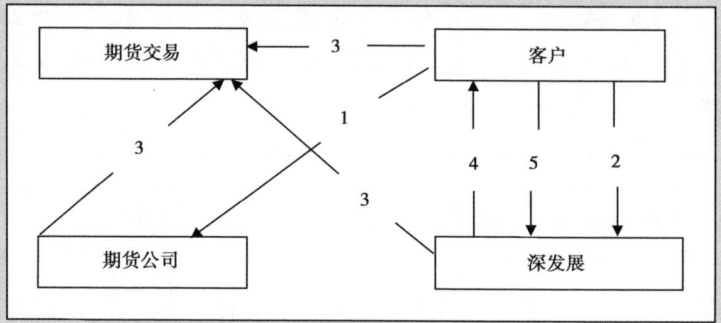

图4-2 标准仓单质押流程

1. 客户在符合深发展要求的期货公司开立期货交易账户。
2. 客户向深发展提出融资申请,提交质押标准仓单相关证明材料、客户基本情况证明材料等。
3. 深发展审核同意后,深发展、客户、期货公司签署贷款合同,质押合同,合作协议等相关法律性文件,共同在交易所办理标准仓单质押登记手续,确保质押生效。
4. 深发展向客户发放信贷资金,用于企业正常生产经营。
5. 客户归还融资款项、赎回标准仓单,或与深发展协商处置标准仓单,将处置资金用于归还融资款项。

六、企业如何运用期货提前销售?

在焦煤焦炭期货没有推出以前,煤焦市场只有现货市场这一条腿,当焦煤开采企业或焦化企业生产利润比较好时,只能被动地提高开工率来增加利润,但产能的限制往往让企业的产量提升有限,而且焦煤的开采以及从焦煤到焦炭的转换也要有一定的生产时间,当产品生产出来的时候,市场往往由于供应增加出现价格下跌的局面,也就是说,现货市场生产企业很难充分利用较好的价格来增加企业的利润。

焦炭、焦煤期货的上市能解决这个问题,当行情好的时候,焦化企业或焦煤开采企业可以利用焦炭、焦煤期货市场提前销售,合理安排生产,锁定企业较好的生产利润。

案例 4-5 利用焦炭期货提前销售,锁定利润

2021 年 1 月,随着山西、河南等地焦化去产能持续推进,焦炭供应一直处于偏紧状态,钢厂高炉开工虽略有下滑,但依然处于高位,对焦炭需求旺盛,焦炭价格在需求的拉动下上涨 4 轮。期货市场也被多头炒作,连续快速上涨,最高价格达到 3036 元/吨。焦炭现货的价格也有所上涨,山西准一级冶金焦从 1850 元/吨左右快速上涨至 2650 元/吨。

山西某中小型焦化企业的设计产能为 60 万吨,月均产能为 5 万吨,在期货上市前就开始关注焦炭期货,并成立了期货部。随着现货市场的好转,企业的焦炭毛利达到 1100 元/吨,企业认为该利润相对处于较好的利润区间,于是提高开工率,加大销售力度,尽量多地赚取利润。同时,企业决定合理安排生产,将后期的产品提前在期货市场上销售,提前锁定利润。

该公司的期货领导小组和合作的期货公司经过论证后认为,企业当时的风险主要是焦炭现货价格下跌的风险,而且期货 J2105 的价格比现货升水幅度大,达到 400 元/吨,这种期现基差是难得的建立卖出套保的良机。在充

分考虑企业的生产以及资金周转等问题后，该公司决定将2、3月份生产的10万吨焦炭提前在期货市场抛售。考虑到期货市场的流动性问题，期货领导小组决定在J2105合约上建仓。按照10%的保证金和五成的仓位，并结合J2105合约3000元/吨的价格，该公司将8000万元资金转入分仓的三个期货公司账户，并在J2105合约上分批建仓，建仓的平均成本在2980元/吨，共建仓1000手。

2021年2月10日，该企业向附近钢厂出售了2万吨焦炭，销售均价为2480元/吨，同期，期货操盘人员接到平仓指令，将200手焦炭期货平仓，平仓价格在2595元/吨。2021年2月26日，该企业向钢厂和一些贸易商出售了2月份生产的剩余3万吨焦炭，平均销售价格在2350元/吨，同时在2532元/吨的价位平仓300手。这个时候企业的毛利已经没有前期那么丰厚，随着现货价格的下跌，毛利压缩到900元/吨。3月8日，该焦化企业向唐山地区的钢厂出售了4万吨焦炭，成交的价格在2280元/吨，同期，期货操盘人员将400手焦炭期货平仓，平仓均价为2338元/吨。3月19日，该企业完成了3月份生产的剩余1万吨焦炭的销售任务，出售价格约在2240元/吨，而期货市场出现了快速下跌，平仓价格为2253元/吨。这个时候企业的毛利较前期的1100元/吨已经下跌了不少，只有800元/吨了。

由于在期现价差较大的时候做了卖出保值，后期期货价格下跌的幅度大于现货价格下跌的幅度，该企业不仅保护了现货市场的利润，还在期货市场获得了额外利润（见表4-5）。

表4-5　　焦化企业利用期货市场提前销售锁定利润的效果

时间	现货市场	期货市场（J2105合约）
2021年1月9日	现货价格2600元/吨	以2980元/吨卖出1000手
2021年2月10日	以2480元/吨卖出2万吨现货	以2595元/吨买平200手
2021年2月26日	以2350元/吨卖出3万吨现货	以2532元/吨买平300手
2021年3月8日	以2280元/吨卖出4万吨现货	以2338元/吨买平400手
2021年3月19日	以2240元/吨卖出1万吨现货	以2253元/吨买平100手
盈亏情况	现货损失2630万元	期货盈利5409万元

七、煤焦生产企业如何运用期货为库存保值？

焦煤开采企业和焦化企业一般都有一定的库存。对于焦煤开采企业和焦化企业来说，如果库存过高，一方面需要付出高额的存储成本，另一方面则会大量占用资金，增加资金使用成本，影响企业的利润。更为重要的是，出现这种情况往往预示着销路不畅，后期价格下跌的可能性比较大，库存面临着贬值。此时，焦煤开采企业和焦化企业可以运用焦炭期货为库存保值，防范价格下跌的风险。

案例 4-6　利用焦煤期货为库存保值

2018 年 6~7 月，许多焦煤开采企业销售相对困难，库存逐步增加，焦煤价格下跌的压力比较大，尤其是作为焦炭生产大省的山西省，情况更加严峻，部分企业在限产的情况下，焦炭库存量还是超过了 10 万吨。由于焦煤国内难有大幅增量，进口煤无法弥补澳煤减量，叠加蒙古国疫情反复，通关量极低，焦煤供应仍有缺口，对焦煤价格有所支撑多数焦煤开采企业对于后市的看法偏向乐观。下游钢材市场对焦炭的需求会增加，只要熬过这段困难时期就会好起来。

在这种背景下，很多焦煤开采企业只能以降低开工率，同时降价销售来应对，本已微薄的利润受到了进一步地挤压，生存环境愈加困难。但是山西当地某一焦煤开采企业风险意识比较强，在前期比较关注焦煤期货，对期货套期保值有了一定的认识，认为可以利用期货市场建立卖出保值头寸，对 3 万吨库存焦煤进行保值，防止焦煤价格下跌后库存贬值。

该企业于 6 月 12 日，在 J1809 合约上进行了 500 手（每手 60 吨）的卖出保值操作，平均建仓价格在 1260 元/吨左右，此时山西地区对应品质的焦煤价格为 1760 元/吨。之后市场出现了逐步下跌的趋势，到了 7 月 16 日，期货价格跌到 1140 元/吨，现货价格跌到 1700 元/吨，此时企业通过降价销售掉了焦煤库存,同时也对期货进行了平仓了结的操作。具体情况见表 4-6。

表 4-6　　　　　利用焦煤期货为库存保值情况

时间	焦煤现货市场	焦炭期货市场 J1809
2018 年 6 月 12 日	1760 元/吨	以 1260 元/吨卖出 500 手
2018 年 7 月 16 日	1700 元/吨	以 1140 元/吨买平 500 手
盈亏情况	亏损:60×30000=180 万元	盈利:120×30000=360 万元
	盈亏冲抵:实际盈余 360-180=180 万元	

通过此次交易,尽管从两个市场的对冲情况看,现货市场亏损 180 万元,但期货市场盈利完全弥补了现货的损失,并产生了一定盈余。通过此次套期保值,该焦化企业充分体会到套期保值可以有效规避和控制企业自身经营过程中的风险。该客户成功地释放了库存风险,取得了出乎意料的理想效果,而当地其他加煤开采企业同期亏损较大,经营更加困难。

这次成功的套期保值从源头上让该企业的高层领导认识到了期货市场的功能和对实体企业经营的帮助。在这之后,该企业一方面着力改进自身管理和工作流程,另一方面,企业压低了正常生产经营过程中的实物库存,降低了库存风险,同时减轻了经营资金的占压。高层领导也懂得了将实体经济和虚拟经济进行组合,从现货、期货两个层面上来进行企业经营管理和运作,提高了自身抗风险的能力。

八、如何利用期货解决库容紧张问题?

对于生产企业来说,合理地控制库存是非常重要的。在保证企业生产、经营需求的前提下,应使库存量保持在合理水平。合理的库存量有助于降低库存总费用,控制库存资金占用,加速资金周转等。而库存量过大则会导致生产经营过程中的各种矛盾和问题,不利于提高企业的管理效率。那么,焦炭期货这个金融工具又是如何帮助企业灵活调节库存的呢？

案例 4-7 利用焦炭期货交割，解决库容紧张的问题

2018 年 8 月初，河北地区某焦化企业的焦炭库存已占企业仓储容量的 90% 左右，所剩库存空间极为有限，这个时候企业的开工率已经降至六成，继续减产将影响正常的生产运作。这意味着如果近期不能快速实现销售，腾出库存空间，企业将面临没有仓储空间存放焦炭的困境。

为了缓解库存空间不足的矛盾，企业决定参与卖出套期保值，申请交割。一方面借助期货市场完成现货销售；另一方面，将库存焦炭转移到期货交割库，注册成仓单，为企业腾出仓储空间。具体的操作过程如下：8 月 20 日，卖出 J1809 合约 80 手（8000 吨），成交均价为 2650 元/吨，而此时当地二级冶金焦的现货价格为 2525 元/吨。随后，焦炭的社会库存不断增加，截至 8 月底，焦炭四大港口库存合计超 330 万吨，为前 4 年同期最高水平。合约到期时，交割结算价为 2278 元/吨。企业卖出保值的效果见表 4-7。

表 4-7　　　　利用期货市场交割卖出焦炭现货

时间	焦炭现货市场	焦炭期货市场
2018 年 8 月 20 日	2525 元/吨	以 2650 元/吨卖出 80 手 J1809
2018 年 9 月 17 日	2155 元/吨	以 2278 元/吨买平 80 手 J1809
盈亏情况	亏损：370×8000=296 万元	盈利：372×8000=297.6 万元
	盈亏冲抵：实际盈余 297.6－296＝1.6 万元	

总结和启示：当企业仓满为患或者下游需求不旺的时候，期货市场就成为企业的一个销售市场。企业可以根据每个月的产量，有选择地对相关月份合约进行卖出套期保值操作，缓解企业库存容量不足的难题。

案例 4-7 是一个焦炭卖出保值案例，本案例当中临近交割时现货和期货价格没有完全收敛，但价格变动趋同，依然符合套保要求。卖出保值的原始目的在于规避日后因价格下跌带来的亏损风险，但本案例的目的并不局限于规避价格下跌风险，更重要的是解决了企业仓储空间不足的问题，同时也解决了现货销售的问题，为企业提供了一个全新的销售渠道。

九、什么是基差？判断基差变化对期货套期保值效果有何影响？

基差（Basis）是指某一特定商品在某一特定时间和地点的现货价格与该商品近期合约的期货价格之差，即基差＝现货价格－期货价格。例如，2022年2月18日，天津港准一级冶金焦的价格为2810元/吨，当日焦炭期货主力合约收盘价格是3315.5元/吨，则基差是505.5元/吨。基差可以是正数也可以是负数，这主要取决于现货价格是高于还是低于期货价格。现货价格高于期货价格，则基差为正数，又称为远期贴水或现货升水；现货价格低于期货价格，则基差为负数，又称为远期升水或现货贴水。

期货价格与现货价格的变动趋势是一致的，但两种价格变动的时间和幅度是不完全一致的，也就是说，在某一时间，基差是不确定的，所以，套期保值者必须密切关注基差的变化。基差的不利变化也会给保值者带来风险。虽然套期保值没有提供完全的保险，但是它的确规避了与商业相联系的价格风险。套期保值效果的好坏取决于基差的变化。

套期保值可以大体抵消现货市场中价格波动的风险，但不能使风险完全消失，主要原因是存在"基差"这个因素。因此，为了保证套期保值效果，避免价格风险，就必须掌握基差及其基本原理。

根据不同的现货企业需要，套期保值可分为买入套期保值和卖出套期保值。基差扩大及缩小的变化对于买入与卖出套期保值的效果不同，以下通过案例进行详细说明。

分别以 S_0、S_t 表示资产在套期保值开始时和 t 时刻的现货价格；F_0 表示套期保值开始时期货合约价格；F_t 表示 t 时刻期货合约价格，即为平仓期货合约时的价格。

(一) 买入套期保值

如果采用买入套期保值策略,则总盈亏计算如下:

$$现货交易盈亏 = S_t - S_0$$

$$期货交易盈亏 = F_t - F_0$$

$$\begin{aligned}总盈亏 &= 期货交易盈亏 - 现货交易盈亏\\ &= (F_t - F_0) - (S_t - S_0)\\ &= (S_0 - F_0) - (S_t - F_t)\\ &= B_0 - B_t\end{aligned}$$

其中,B_0、B_t 分别是在套期保值开始时和 t 时的基差。

由此可见,期货保值的盈亏取决于基差的变动:

(1) 如果基差保持不变,则现货盈亏正好与期货市场盈亏相互抵消,总盈亏为零,套期保值目标实现。

(2) 如果基差扩大,即基差走强,$B_t > B_0$,总盈亏 < 0,套期保值效果总体表现为亏损。

(3) 如果基差缩小,即基差走弱,$B_0 > B_t$,总盈亏 > 0,套期保值效果总体表现为盈利。

案例 4-8　基差走强时,焦化企业利用焦煤期货买入保值

某焦化企业 A,在 2021 年 7 月初判断焦炭将呈现上涨趋势,因此,为了规避原料焦煤上涨的风险,该企业于 2021 年 7 月 9 日进行买入套期保值。套期保值效果见表 4-8。

表 4-8　基差走强时,焦化企业利用焦煤期货买入保值状

时间	现货市场	期货市场	基差
2021 年 7 月 9 日	京唐港主焦煤 2300 元/吨	以 1865 元/吨买入 50 手 J2109 开仓	435 元/吨
2021 年 9 月 6 日	以 3350 元/吨买入 3000 吨焦炭	以 2650 元/吨卖出 50 手 J2109 平仓	700 元/吨
结果	现货采购成本上升 315 万元	期货盈利 235.5 万元	基差走强
保值效果	基差走强时,买入保值对现货市场商品不能完全保护,存在净亏损		

从该企业 A 进行买入套期保值来看，焦炭价格上涨的趋势判断正确，但是由于在 9 月 6 日进行平仓时，基差扩大至 700 元/吨，导致其原本趋势判断正确且买入套期保值的操作，最终仍以亏损告终。其原因在于，在焦煤价格上涨的过程中，该企业通过买入套期保值规避了价格上涨带来的风险，但由于基差的扩大导致套保效果较差，亏损 265 元/吨。

案例 4 – 9 基差走弱时，焦炭贸易商利用焦炭期货买入保值

某焦炭贸易商 B，有一单要在 2021 年 5 月份销售 3000 吨焦炭的合同，为了规避焦炭价格上涨的风险，该企业于 2021 年 3 月 19 日进行买入套期保值。套期保值效果见表 4 – 9。

表 4 – 9 基差走弱时，焦炭贸易商利用焦炭期货买入保值状况

时间	现货市场	期货市场	基差
2021 年 3 月 19 日	京唐港准一级冶金焦 2600 元/吨	以 2230 元/吨买入 30 手 J2105 开仓	370 元/吨
2021 年 5 月 12 日	以 2750 元/吨买入 3000 吨焦炭	以 2865 元/吨卖出 30 手 J2105 平仓	-115 元/吨
结果	现货采购成本下降 45 万元	期货盈利 190.5 万元	基差走弱
保值效果	基差走弱时，买入保值对现货市场商品可以完全保护，存在净收益		

从该企业 B 进行买入套期保值效果来看，在 5 月 12 日进行平仓时，基差缩小至 -115 元/吨。在焦炭价格上涨的过程中，该企业通过买入套期保值规避了价格上涨带来的风险，同时由于基差的走弱，导致套保效果较好，实现盈利 485 元/吨。

（二）卖出套期保值

如果采取卖出套期保值策略，则总盈亏计算如下：

$$现货交易盈亏 = S_0 - S_t$$

$$期货交易盈亏 = F_0 - F_t$$

$$\begin{aligned}总盈亏 &= 期货交易盈亏 - 现货交易盈亏 \\ &= (F_0 - F_t) - (S_0 - S_t) \\ &= (S_t - F_t) - (S_0 - F_0) \\ &= B_t - B_0\end{aligned}$$

其中，$B_0 - B_t$ 是在套期保值开始时和 t 时的基差。

由此可见，期货保值的盈亏取决于基差的变动：

（1）如果基差保持不变，则现货盈亏正好与期货市场盈亏相互抵消，总盈亏为零，套期保值目标实现。

（2）如果基差扩大，即基差走强，$B_t > B_0$，总盈亏 > 0，套期保值效果总体表现为盈利。

（3）如果基差缩小，即基差走弱，$B_0 > B_t$，总盈亏 < 0，套期保值效果总体表现为亏损。

案例 4-10 基差走强时，焦煤开采企业利用焦炭期货卖出保值

某焦煤开采企业 C 非常关注焦炭期货的情况，发现焦炭期现价差比较大，是卖出套保的好时机。为了规避焦炭价格下跌导致利润缩水的风险，该企业于 2021 年 7 月 9 日进行卖出套期保值。套期保值效果见表 4-10。

表 4-10 基差走强时，焦煤开采企业利用焦煤期货卖出保值状况

时间	现货市场	期货市场	基差
2018 年 6 月 12 日	京唐港主焦煤 1760 元/吨	以 1260 元/吨买入 50 手 J1809 开仓	500 元/吨
2018 年 7 月 16 日	以 1700 元/吨卖出 3000 吨焦炭	以 1140 元/吨卖出 50 手 J1809 平仓	560 元/吨
结果	现货收益少 18 万元	期货盈利 36 万元	基差走强
保值效果	基差走强时，卖出保值对现货市场商品可以完全保护，存在净盈利		

从该企业 C 进行卖出套期保值来看，焦炭下跌的趋势判断正确，在 7 月 16 日进行平仓时，基差由 500 元/吨上涨至 560 元/吨。在焦炭价格下跌的过程中，该企业通过卖出套期保值规避了价格下跌带来的风险，同时由于基差的走强使套期保值效果较好，实现盈利 60 元/吨。

案例 4-11 基差走弱时，焦炭贸易商利用焦炭期货卖出保值

某焦炭贸易商企业 D 有焦炭库存 1000 吨，在 2021 年 10 月判定焦炭价格将出现一波下跌，为了规避焦炭价格下跌带来利润损失的风险，该企业于 2021 年 10 月 22 日进行卖出套期保值。套期保值效果见表 4-11。

表 4-11　基差走弱时，焦化企业利用焦炭期货卖出保值状况

时间	现货市场	期货市场	基差
2021 年 10 月 22 日	京唐港主焦煤 4310 元/吨	以 3564 元/吨买入 10 手 J2201 开仓	746 元/吨
2021 年 11 月 26 日	以 2710 元/吨卖出 1000 吨焦炭	以 2857 元/吨卖出 10 手 J2201 平仓	-147 元/吨
结果	现货收益少了 160 万元	期货收益多了 70.7 万元	基差走弱
保值效果	基差走弱时，卖出保值对现货市场商品不能完全保护，存在净亏损		

从该企业 D 进行卖出套期保值来看，焦炭价格下跌的趋势判断正确，但是由于在 11 月 26 日进行平仓时，基差由 746 元/吨缩小至 -147 元/吨，导致其原本趋势判断正确且卖出套期保值的操作，最终仍以亏损告终。其原因在于，在焦炭价格下跌的过程中，该企业通过卖出套期保值规避了价格下跌带来的风险，但由于基差的缩小导致套保效果较差，亏损 893 元/吨。

从以上四个案例可以看出，基差的变化决定了套期保值的效果（见表 4-12）。如果基差保持不变，则现货盈亏正好与期货市场盈亏相互抵消，总盈亏为零，套期保值目标实现。如果套期保值结束时，基差变小，套期保值可以赚钱。基差变小通常又被称之为基差"走弱"。因此，基差走弱，有利于买进套期保值者。同样可以证明，当基差变大，即基差走强，有利于卖出套期保值者。我们在进行套期保值建仓时，也要考虑基差问题，从而选择相对较合适的基差位置建仓。买入保值时，应选择在历史基差水平下相对基差较大时建仓为宜；卖出保值时，应选择在历史基差水平下相对基差较小时建仓为宜。

表 4-12　基差变化与套期保值效果的关系

基差变化	套期保值类型	市场类型	保值效果
基差不变	卖出套期保值	正向市场	盈亏相抵
		反向市场	盈亏相抵
	买入套期保值	正向市场	盈亏相抵
		反向市场	盈亏相抵
基差变大	卖出套期保值	正向市场	保值者不能得到完全保护，存在净亏损
		反向市场	保值者得到完全保护，存在净盈利
	买入套期保值	正向市场	保值者得到完全保护，存在净盈利
		反向市场	保值者不能得到完全保护，存在净亏损

续表

基差变化	套期保值类型	市场类型	保值效果
基差缩小	买入套期保值	正向市场	保值者得到完全保护，存在净盈利
		反向市场	保值者不能得到完全保护，存在净亏损
	买入套期保值	正向市场	保值者不能得到完全保护，存在净亏损
		反向市场	保值者得到完全保护，存在净盈利

十、如何看待套期保值操作中期货部位的盈亏？

一些企业把套期保值的成败归于期货市场是否盈利。当期货市场有了盈利，企业就认为套期保值成功了；而出现亏损时，则认为套期保值失败了，认为如果不参与套期保值本可以获得更多盈利，套保反而减少了企业的利润。殊不知，企业进入期货市场开展套期保值是为了规避市场价格波动的风险，用一个市场的盈利来对冲另一个市场的风险，以实现效益的平稳增长。

评价套期保值成功与否，不能简单地看一个市场的盈亏，应当把期货和现货结合起来分析。作为生产焦炭的焦化企业，虽然期货市场部分空头头寸亏损，但现货销售上的盈利可能大于或等于这部分亏损，从而实现了规避价格风险，锁定利润的目的。

十一、期货套期保值不当会引起什么损失？

套期保值关键在于保值，以期货市场的盈利弥补现货市场的损失，或者是现货市场的盈利对冲期货市场的损失，两者相抵，锁定利润空间。很多企业由于没有理解套期保值的真正含义，或者受到市场的诱惑，把套期保值做成了投机，会带来很大的危害。

案例 4-12　套期保值做成投机危害巨大

焦炭期货上市以后，山西某焦化企业经过研究，决定利用期货市场进行套期保值。该企业在初期投入500万元进行期货套期保值，4月22日，焦炭期货9月合约的价格是2330元/吨，而当时天津一级冶金焦的价格为2130元/吨，期现价差对卖出套期保值比较有利，于是该企业总经理王总要求下单员在期货上卖出套期保值60手9月合约，成交均价为2330元/吨。随后，焦炭处于一个震荡下跌的趋势，5月2日跌至2270元/吨，王总看到账面上盈利36万元，心里暗自开心。

但好景不长，由于山西省焦化行业重组的消息炒作，焦炭期货应声上涨，5月12日，期货价格收盘为2344元/吨，收在开仓价格上方。5月13日几乎涨停，最高涨到了2444元/吨，收盘价格为2419元/吨。王总看到期货账户亏损了534万元，变的忧心忡忡，生怕价格继续上涨亏损扩大，而看到的各种消息也都是利多，越发心慌不安。第二天期货价格稍有回落，王总赶忙命令下单员平仓，亏损达到48万元。

企业觉得亏了很不划算，经过讨论后认为后期焦炭价格可能还要上涨，于是在5月24日以2350元/吨的价格买入50手焦炭期货。随后几天，焦炭期货价格有所上涨，但最终都以阴线收尾，5月25日收盘账面有14万元的盈利。但好景不长，随着炒作的结束，焦炭疲软的基本面又成为主导因素，焦炭价格开始下跌，一直在开仓价格下方徘徊，6月20日，企业以2290元/吨的价格平仓出局，再次亏损30万元。

案例 4-13　追随波动，反复建仓，套保目标不明确

为追逐价差多次操作，反复建仓平仓，造成交易成本过高，一方面套期保值的目的不明确，投机加剧了企业的风险；另一方面侵蚀了企业的生产经营利润。

某焦煤开采企业有3000吨的焦炭净库存，2021年5月12日，该公司在焦炭期货上卖出30手做套期保值，开仓价格在2040元/吨，两天后期货价格跌至 1955 元/吨，期货账面实现了盈利，公司决定先把这一部分收益实现，然后再做套期保值，这样相当于多赚了一笔钱，于是在 5 月 14 日收盘前平仓实现了收益。第二天，焦炭期货价格略有上涨，于是企业在 1960 元/吨的价位开仓卖出 30 手。随后两天，期货价格继续上涨，期货账面出现亏损，企业怕亏损扩大，又赶紧平仓了结，亏损出局。过了几天，企业看到市场价格又开始往下走，又建仓卖出。如此反复操作，每次要交很多的交易费用，增加了成本，而且这样的运作方式变成了企业主观推测价格的波动，想高抛低吸把波段都做到，结果反而弄巧成拙，对市场趋势的把握也逐渐模糊，对套期保值和投机的界限逐步混淆，最终不但没有成功保值，反而花费了大量的交易费用，期货市场的账户也是亏损。

案例 4-10 和案例 4-11 中的两个企业，一个企业把套期保值做成了投机，另一个企业套期保值目的不明确，高抛低吸，其实也是变相的投机。那么企业如何防止把套期保值做成投机呢？首先要建立健全套期保值业务审批流程和风控制度。设立专业的部门、人员、账户和操作制度来开展焦炭期货套期保值业务。对于焦化企业，套期保值的业务量以不能超过每月实际产量的一定比例为宜。其次，套期保值业务一定要遵循基本的原则，坚持保值操作。对于焦化企业，只做卖出保值，对于钢材企业，只做买入保值。不能看到市场行情波动就认为有利可图，冒险做投机。套期保值的目的是对冲风险，如果加入投机头寸，就是将企业置于期货市场的巨大风险之下。最后还要关注市场，及时止损。企业期货部门要加强对行业基本面和技术面的研究，充分了解所面临的风险，当出现异常情况时，也要及时止损，以免更大的亏损。

延伸阅读

"金字火腿"生猪期货套期保值做成投机案例

自 2019 年以来，企业着力打造"金字火腿"品牌肉产品，"金字火腿"产品的主要原材料为猪肉，在价格高昂时储备了大量的原材料，到了猪周期下行时，品牌肉毛利率持续走低以至负数，压垮了企业业绩。

企业一意孤行赌猪价上涨，还为此开展了套期保值业务，最终亏损超过 5000 万元，超过企业全年净利润。虽然这笔亏损由交易员的"中国好岳父"现金补上，但却反映出公司作为家族企业内控缺失的问题。

或许是意识到了猪周期有利可图，2019 年起，"金字火腿"打上了贩卖猪肉原料的主意。所谓品牌肉业务，实质上是指"金字火腿"借助与西班牙、德国等全球各地猪肉供应厂商的合作关系，从国外进口优质猪肉，再在国内销售给生鲜电商、中央厨房、食品加工企业、连锁餐饮等企业客户。简单来说，就是低价买、高价卖。

2019 年，品牌肉的营业收入由之前作为冻品原料时的 18.8 万元大幅增长至当年的 5104.7 万元，同比增长 27065.09%，毛利率也十分可观，达到 37.32%。虽然无法与公司传统优势项目火腿产品相比，但赶超特色肉制品品类近在眼前。

2020 年，企业继续发力打造"金字火腿"品牌肉产品，营收同比增长 731.33% 达到 4.24 亿元。而在这时，猪周期下行迹象已现，品牌肉仅保持了一年近 40% 的毛利率，在 2020 年毛利率就大幅下滑 25.75%，毛利率仅为 11.57%。

未感危险的企业在这一年继续囤货，数据显示，2017—2021 年，企业的存货分别为 1.84 亿元、1.64 亿元、3.81 亿元、6.43 亿元和 5.74 亿元。公司在年报中提及，火腿是一种需要较长生产周期的发酵肉制品，从新鲜猪腿到最终产品整个过程超过 10 个月以上，或许因为这个原因，企业囤起货来更加肆无忌惮，忽视了流动性风险。2021 年，存货已占该企业总资产的 41.1%。

在 2020 年，"金字火腿"的品牌肉也已经出现库存积压的情况，当年库存量为 16.4 万公斤。这些库存均为猪周期景气之时企业的囤货，原材料成本不菲。这也为此后毛利率由正转负埋下伏笔。

2021 年，猪周期下行继续，品牌肉的库存消化为 19.73%，年末库存量为 13.15 万公斤。而这一年，无论是生产量和销售量，品牌肉业务都大幅萎缩，同比减少的比例分别为 46.27%、47%。这些销售掉的品牌肉，均为之前高价囤积的猪肉原材料所制成，由于市场整体下行，企业不得不咬牙卖掉之前的高价囤货，一边卖一边亏。2021 年，金字火腿品牌肉毛利率出现负值，为-10.59%，同比下降22.16%，是前几年高价进货，收入难以覆盖成本所致。

品牌肉主要是倒卖冻品原料，附加值较低，受市场周期影响也最为明显。而所有产品都和猪肉息息相关的金字火腿，其火腿和特色肉制品等产品同样受到猪周期下行的影响，毛利率虽不至于为负，但也分别同比下滑4.67%和11.6%，使得公司整体的毛利率由之前2019年的43.59%大幅下滑至2021年的20.35%。

有意思的是，企业不仅在"金字火腿"品牌肉上大量囤货倒卖猪肉，看多猪价，还一条道走到黑，在期货市场上也疯狂做多。

2021年1月，企业曾发布一则公告，审议并通过了《关于开展生猪期货套期保值业务的议案》，同意自审议通过之日起一年内，公司在5000万元额度内以自有及自筹资金开展商品期货套期保值业务。

所谓套期保值，实际上是一种对冲交易，一般来说交易人在买进（或卖出）实际货物的同时，会在期货交易所卖出（或买进）同等数量的期货交易合同作为保值，两相对冲，避免或者减少价格发生不利变动带来的损失。

金字火腿品牌在2019年和2020年大力发展品牌肉业务，购入了不少猪肉冻品原料作为原材料，正常的对冲交易，公司应该在期货交易所卖出同等数量的期货交易合同，从而抵消猪肉价格波动带来的风险。

2021年8月，"金字火腿"的期货交易员按照公司制定的生猪套保计划，操作公司账户陆续买入生猪看涨合约。一边持有成本高昂的生猪原材料，一边继续在期货市场买涨，企业这种交易不能叫作套期保值，而是纯粹的期货炒作，赌猪肉价格上涨。

一条道走到黑的结果是，生猪现货和期货价格继续单边下跌，金字火腿企业豪赌输的体无完肤，将原因归结为期货交易员的违规操作，称其在未经审批的情况下擅自将持有的合约进行了平仓操作，使公司亏损5510.53万元，要求期货交易员承担全部责任。

有意思的是，这位交易员真的拿出了5510.53万元补给了公司，这事儿似乎也就这样翻篇了。交易员的"中国好岳父"补钱反映出内控缺失，实控人套现离场牛散接盘，亏掉的钱补上，日常生活中这么做也许可以，但上市公司账面却没这么好糊弄。

2022年初，事情过去三个月后，该企业公告称因为公司管理层及财务人员对套期保值相关会计准则的理解存在偏差，对其实操经验不足，将赔偿款误认为是期货套保本金计入收回期货本金中，对投资损失和赔偿收入均未进行账务处理，并未在第三季度报告中进行相关的会计科目列支更正，对此带来的影响向投资者道歉。

2022年3月，浙江证监局下发警示函，对"金字火腿"企业、施某军、吴某肖、王某辉分别采取出具警示函的监督管理措施，并计入证券期货市场诚信档案。4月8日，中国证监会对"金字火腿"企业出具立案告知书，因涉嫌信息披露违法违规，中国证监会对公司立案调查。

结语：

"金字火腿"作为曾经名满一时的"火腿第一股"，如今业绩惨淡，还被中国证监会立案调查。A股上市公司炒期货的案例并不鲜见，但像"金字火腿"这样打着套期保值名头在现货、期货市场都疯狂做多的实属罕见。不知是对期货知之甚少还是对猪价过于自信。

猪周期下行已延续数年，猪价迟早有回暖的一天，但仍揣着大量囤货的金字火腿企业，即使拐点到来似乎也只是在为之前的错误决策还旧账。

资料来源：凤凰网财经。

十二、企业如何进行套期保值的会计处理？

（一）企业从事期货投资在执行企业会计制度的同时，尚需执行财政部的相关规定

《商品期货交易财务管理暂行规定》（财商字〔1997〕第44号）

《关于商品期货交易财务管理有关问题的补充通知》(财商字〔1997〕第319号)

《企业商品期货业务会计处理补充规定》(财政部财会〔2000〕第19号)

《企业商品期货业务会计处理暂行规定》(财商字〔1997〕第51号)

《货物期货征收增值税具体办法》(国税发〔1994〕第244号)

《关于增值税一般纳税人期货交易进项税额抵扣问题的通知》(国税发〔2002〕第45号)

《关于增值税一般纳税人期货交易有关增值税问题的通知》(国税函〔2005〕第1060号)

《企业会计准则第24号——套期保值》(财会〔2006〕第3号)

《企业会计准则第37号——金融工具列报》(财会〔2014〕23号)

《企业会计准则第22号——金融工具确认和计量》(财会〔2017〕第7号)

《企业会计准则第24号——套期会计》(财会〔2017〕第9号)

(二) 关于套期保值期货交易的会计科目设置和财务处理的相关内容①

《企业会计准则第24号——套期会计》对开展套期业务的企业选择运用套期会计时的会计处理进行了规范。企业符合运用套期会计的条件且选择运用套期会计的,应当按照《企业会计准则第24号——套期会计》的要求进行会计处理,并且应当按照《企业会计准则第37号——金融工具列报》中有关套期会计披露的要求进行信息披露。

1. 关于套期会计概述

(1) 套期的概念。《企业会计准则第24号——套期会计》中所称套期,是指企业为管理外汇风险、利率风险、价格风险、信用风险等特定风险引起的风险敞口,指定金融工具为套期工具,以使套期工具的公允价值或现金流量变动,预期抵销被套期项目全部或部分公允价值或现金流量变动的风险管理活动。例如,企业运用商品期货进行套期时,其套期策略通常是,转入

---

① 资料来源:《〈企业会计准则第24号——套期会计〉应用指南》一书。

（卖出）与现货市场数量相当、但交易方向相反的期货合同，以期在未来某一时间通过期货合同的公允价值变动来补偿现货市场价格变动所带来的价格风险。又如，企业为规避外汇风险，与某金融机构签订外币期权合同，对现存数额较大的美元敞口进行外汇风险套期。

（2）套期的分类。在套期会计中，套期分为公允价值套期、现金流量套期和境外经营净投资套期。

①公允价值套期，是指对已确认资产或负债、尚未确认的确定承诺，或上述项目组成部分的公允价值变动风险敞口进行的套期。该公允价值变动源于特定风险，且将影响企业的损益或其他综合收益。其中，影响其他综合收益的情形，仅限于企业对指定为以公允价值计量且其变动计入其他综合收益的非交易性权益工具投资的公允价值变动风险敞口进行的套期。

> **案例 4-14** **公允价值套期的案例**

A. 某企业签订一项以固定利率换浮动利率的利率互换合约，对其承担的固定利率负债的利率风险引起的公允价值变动风险敞口进行套期。

B. 某石油公司签订一项 6 个月后以固定价格购买原油的合同（尚未确认的确定承诺），为规避原油价格风险，该公司签订一项未来卖出原油的期货合约，对该确定承诺的价格风险引起的公允价值变动风险敞口进行套期。

C. 某企业购买一项看跌期权合同，对持有的选择以公允价值计量且其变动计入其他综合收益的非交易性权益工具投资的证券价格风险引起的公允价值变动风险敞口进行套期。

②现金流量套期，是指对现金流量变动风险敞口进行的套期。该现金流量变动源于与已确认资产或负债、极可能发生的预期交易，或与上述项目组成部分有关的特定风险，且将影响企业的损益。

> **案例 4-15** **现金流量套期的案例**

A. 某企业签订一项以浮动利率换固定利率的利率互换合约，对其承担的浮动利率债务的利率风险引起的现金流量变动风险敞口进行套期。

B. 某橡胶制品公司签订一项未来转入橡胶的远期合同，对 3 个月后预期极可能发生的与购买橡胶相关的价格风险引起的现金流量变动风险敞口进行套期。

C. 某企业签订一项购入外币的外汇远期合同，对以固定外币价格转入原材料的极可能发生的预期交易的外汇风险引起的现金流量变动风险敞口进行套期。

③境外经营净投资套期，是指对境外经营净投资外汇风险敞口进行的套期。境外经营净投资套期中的被套期风险是指境外经营的记账本位币与母公司的记账本位币之间的折算差额。此外，企业对确定承诺的外汇风险进行套期的，按照《企业会计准则第 24 号——套期会计》的规定，可以将其作为现金流量套期或公允价值套期处理。例如，某航空公司签订一项 3 个月后以固定外币金额购买飞机的合同（尚未确认的确定承诺），为规避外汇风险，签订一项外汇远期合同，对该确定承诺的外汇风险引起的公允价值变动或者现金流量变动风险敞口进行套期。

（3）套期会计方法。对于满足《企业会计准则第 24 号——套期会计》规定条件的套期，企业可运用套期会计方法进行处理。套期会计方法，是指企业将套期工具和被套期项目产生的利得或损失在相同会计期间计入当期损益（或其他综合收益）以反映风险管理活动影响的方法。

企业开展套期业务以进行风险管理，但是如果按照常规的会计处理方法，可能会导致损益产生更大的波动，这是因为企业被套期的风险敞口和对风险敞口进行套期的金融工具的确认和计量基础不一定相同。例如，企业使用衍生工具对某项极可能发生的预期交易的价格风险进行套期，按照常规会计处理方法，该衍生工具应当以公允价值计量且其变动计入当期损益，而预期交易则需到交易发生时才能予以确认，这样，企业利润表反映的损益就会产生较大的波动。再如，企业使用衍生工具对其持有的存货的价格风险进行套期，按照常规会计处理方法，该衍生工具应当以公允价值计量且其变动计入当期损益，而存货则以成本与可变现净值孰低计量，这同样会导致企业利润表反映的损益产生较大的波动。企业使用金融工具进行风险管理的目的是对冲风险，减少企业损益的波动，而由于常规会计处理方法中有关确认和计量基础不一致，在一定会计期间不仅可能无法如实反映企业的风险管理活动，反而可能会在财务报表上"扩大风险"。因此，尽管从长期来看，被套期项目和套期工具实现了风险的对冲,但是在套期存续期所涵盖的各个会计报告期间内,在常规会计处理方法下有可能会产生会计错配和损益波动。套期会计方法基于企业风险管理活动,将套期工具和被套期项目产生的利得或损失在相同会计期间计入当期损益(或其他综合收益),有助于处理被套期项目和套期工具在确认和计量方面存在的上述差异,并在企业财务报告中如实反映企业进行风险管理活动的影响。

2. 会计科目的设置和主要账务处理

(1)"套期工具"科目。本科目核算企业开展套期业务(包括公允价值套期、现金流量套期和境外经营净投资套期)的套期工具及其公允价值变动形成的资产或负债。"套期工具"科目可按套期工具类别或套期关系进行明细核算。主要账务处理如下。

①企业将已确认的衍生工具、以公允价值计量且其变动计入当期损益的非衍生金融资产或非衍生金融负债等金融资产或金融负债指定为套期工具的,应当按照其账面价值,借记或贷记本科目,贷记或借记"衍生工具""交易性金融资产"等科目。

②资产负债表日,对于公允价值套期,应当按照套期工具产生的利得,借记"套期工具"科目,贷记"套期损益""其他综合收益——套期损益"等科目,套期工具产生损失做相反的会计分录;对于现金流量套期,应当按照套期工具产生的利得,借记本科目,按照套期有效部分的变动额,贷记"其他综合收益——套期储备"等科目,按照套期工具产生的利得和套期有效部分变动额的差额,贷记"套期损益"科目,套期工具产生损失做相反的会计分录。

③金融资产或金融负债不再作为套期工具核算的,应当按照套期工具形成的资产或负债,借记或贷记有关科目,贷记或借记本科目。

④"套期工具"科目期末借方余额,反映企业套期工具形成资产的公允价值;本科目期末贷方余额,反映企业套期工具形成负债的公允价值。

(2)"被套期项目"科目。本科目核算企业开展套期业务的被套期项目及其公允价值变动形成的资产或负债。"被套期项目"科目可按被套期项目类别或套期关系进行明细核算。主要账务处理如下。

①企业将已确认的资产、负债或其组成部分指定为被套期项目的,应当

按照其账面价值,借记或贷记本科目,贷记或借记"原材料""债权投资""长期借款"等科目。已计提跌价准备或减值准备的,还应当同时结转跌价准备或减值准备。

②资产负债表日,对于公允价值套期,应当按照被套期项目因被套期风险敞口形成的利得,借记本科目,贷记"套期损益""其他综合收益——套期损益"等科目;被套期项目因被套期风险敞口形成损失做相反的会计分录。

③资产或负债不再作为被套期项目核算的,应当按照被套期项目形成的资产或负债,借记或贷记有关科目,贷记或借记本科目。

④本科目期末借方余额,反映企业被套期项目形成的资产;本科目期末贷方余额,反映企业被套期项目形成的负债。

(3)"套期损益"科目。本科目核算套期工具和被套期项目价值变动形成的利得和损失。"套期损益"科目可按套期关系进行明细核算。主要账务处理如下。

①资产负债表日,对于公允价值套期,应当按照套期工具产生的利得,借记"套期工具"科目,贷记本科目;套期工具产生损失做相反的会计分录。对于现金流量套期,套期工具的利得中属于套期无效的部分,借记"套期工具"科目,贷记本科目;套期工具的损失中属于套期无效的部分,做相反的会计分录。

②资产负债表日,对于公允价值套期,应当按照被套期项目因被套期风险敞口形成的利得,借记"被套期项目"科目,贷记本科目;被套期项目因被套期风险敞口形成损失做相反的会计分录。

期末,应当将"套期损益"科目余额转入"本年利润"科目,结转后本科目无余额。

(4)"净敞口套期损益"科目。本科目核算净敞口套期下被套期项目累计公允价值变动转入当期损益的金额或现金流量套期储备转入当期损益的金额。"净敞口套期损益"科目可按套期关系进行明细核算。主要账务处理如下。

①对于净敞口公允价值套期,应当在被套期项目影响损益时,将被套期项目因被套期风险敞口形成的累计利得或损失转出贷记或借记"被套期项

目"等科目,借记或贷记本科目。

②对于净敞口现金流量套期,应当在将相关现金流量套期储备转入当期损益时,借记或贷记"其他综合收益——套期储备",贷记或借记本科目;将相关现金流量套期储备转入资产或负债的,当资产和负债影响损益时,借记或贷记资产(或其备抵科目)、负债科目,贷记或借记本科目。

期末,应当将"净敞口套期损益"科目余额转入"本年利润"科目,结转后"净敞口套期损益"科目无余额。

(5)在"其他综合收益"科目下设置"套期储备"明细科目。本明细科目核算现金流量套期下套期工具累计公允价值变动中的套期有效部分。本明细科目可按套期关系进行明细核算。主要账务处理如下。

①资产负债表日,套期工具形成的利得或损失中属于套期有效部分的,借记或贷记"套期工具"科目,贷记或借记本明细科目;属于套期无效部分的,借记或贷记"套期工具"科目,贷记或借记"套期损益"科目。

②企业将套期储备转出时,借记或贷记本明细科目,贷记或借记有关科目。

(6)在"其他综合收益"科目下设置"套期损益"明细科目。本明细科目核算公允价值套期下对指定为以公允价值计量且其变动计入其他综合收益的非交易性权益工具投资或其组成部分进行套期时,套期工具和被套期项目公允价值变动形成的利得和损失。本明细科目可按套期关系进行明细核算。主要账务处理如下。

①资产负债表日,应当按照套期工具产生的利得,借记"套期工具"科目,贷记本明细科目;套期工具产生损失做相反的会计分录。

②资产负债表日,应当按照被套期项目因被套期风险敞口形成的利得,借记"被套期项目"科目,贷记本明细科目;被套期项目因被套期风险敞口形成损失做相反的会计分录。

当套期关系终止时,应当借记或贷记本明细科目,贷记或借记"利润分配——未分配利润"等科目。

(7)在"其他综合收益"科目下设置"套期成本"明细科目。本明细科目核算企业将期权的时间价值、远期合同的远期要素或金融工具的外汇基差排除在套期工具之外时,期权的时间价值等产生的公允价值变动。本明细科目可按套期关系进行明细核算。

主要账务处理如下。

①资产负债表日，对于期权的时间价值等的公允价值变动中与被套期项目相关的部分，应当借记或贷记"衍生工具"等科目，贷记或借记本明细科目。

②企业在将相关金额从其他综合收益中转出时，借记或贷记本明细科目，贷记或借记有关科目。

十三、期货交割增值税有哪些规定？

期货交割及套期保值在进入实物交割阶段就等同于一般商品贸易，税收上与一般商品贸易所涉及的税种基本一致，只是期货交割的增值税有一定的特殊性。国家税务总局对期货货物征收增值税出台了具体的政策。

《货物期货征收增值税具体办法》（国税发〔1994〕第244号）

1. 期货交易增值税的纳税环节为期货的实物交割环节。

期货交易增值税的计税依据为交割时的不含税价格（不含增值税的实际成交额）。

$$不含税价格 = 含税价格 / （1 + 增值税税率）$$
$$含税价格 = 期货交割价 + 包装物$$

2. 国家税务总局《关于增值税一般纳税人期货交易进项税额抵扣问题的通知》（国税发〔2000〕第45号）主要内容为：商业企业购进货物（包括外购货物所支付的运输费用），必须在购进的货物付款后才能申报抵扣进项税额，且纳税人购进货物或应税劳务，支付运输费用，所支付款项的单位必须与开具抵扣凭证的销货单位、提供劳务的单位一致，否则不予抵扣进项税额。

鉴于期货交易支付货款的特殊性，增值税一般纳税人通过期货交易购进货物进项税额抵扣问题做出如下明确规定：对增值税一般纳税人在商品交易所通过期货交易购进货物，其通过商品交易所转付货款可视同向销货单位支付货款，对其取得的合法增值税专用发票允许抵扣。

3.《关于增值税一般纳税人期货交易有关增值税问题的通知》（国税函〔2005〕第1060号）主要解决了期货交易升贴水有关税款征收与专用发票开具的问题。

案例 4-16　某钢材厂套期保值会计处理

河北某大型钢材厂在2021年7月初获得了一张1万吨钢材的订单，4个月后交货。制造钢材的主要原料是铁矿石和焦炭。2021年7月9日一级冶金焦炭的现货价格为2870元/吨，而焦炭期货的价格为2495元/吨，该厂根据市场环境和期现结构分析后认为，焦炭期货价格可能要上涨，为了规避8月购进5000吨原料时价格上涨的风险，决定开展买入套期保值（现金流量套期）。该厂以书面形式按要求进行了套期保值关系指定，并在期货公司开立了期货账户开始开展业务。7月15日，该厂向期货账户划转保证金500万元，7月16日该厂以2675元/吨的价格买入50手焦炭2109期货合约。假设保证金比例为10%。到8月13日，该厂在现货市场购进原料时焦炭价格已涨到3010元/吨，此时在期货市场的价格升至3010元/吨。采用现金流量套期会计处理如下：

1. 7月15日，该厂开户并划转保证金。

借：存出保证金——期货保证金　　　　　　　　5000000
　　贷：银行存款　　　　　　　　　　　　　　　5000000

2. 7月16日，该厂开仓建立套期保值头寸，保证金比例为10%（根据期货经纪公司当日结算单列明的金额）。

一般都将套期保值工具价值指定为0，为了反映业务全貌，因此进行了初始计量：

借：套期工具——连焦2109（50×100×2675）　　13375000
　　贷：被套期项目——连焦2109　　　　　　　13375000

支付交易手续费（假设手续费率为20元/手）：

借：财务费用——期货手续费（50×20）　　　　　1000

贷：存出保证金——期货保证金　　　　　　　　　　1000

3. 8月13日会计报表日的后续确认。

假如期货公司当月结算单显示连焦2109的结算价为2904元/吨。

借：套期工具——连焦2109［1000×（2904-2675）］229000

　　　贷：资本公积——其他资本公积　　　　　　　　　229000

平仓处理：

借：存出保证金——期货保证金　　　　　　　　　　335000

　　　贷：套期损益［1000×（3010-2675）］　　　　　335000

自测题

一、单选题

1. 一个完善的套期保值策略的正确顺序是（　　）。

A. 从宏观角度确定套期保值策略，从产业角度判读套期保值时机，从基差角度选择套期保值入场和出场点

B. 从宏观角度确定套期保值策略，从基差角度选择套期保值入场和出场点，从产业角度判读套期保值时机

C. 从基差角度选择套期保值入场和出场点，从宏观角度确定套期保值策略，从产业角度判读套期保值时机

D. 从产业角度判读套期保值时机，从宏观角度确定套期保值策略，从基差角度选择套期保值入场和出场点

2. 企业在套期保值中正确的行为是（　　）。

A. 把期货市场当做博取差价的交易场所

B. 认为套期保值没有风险

C. 企业进行期货交易，只按照现货思想入市

D. 企业的敞口风险只要在可承受的范围之内便可以选择部分进行套期保值

3. 某焦化企业有焦炭净库存3000吨，那么该企业可以通过（　　）对

库存进行保值。

  A. 卖出套期保值   B. 期现套利

  C. 买入套期保值   D. 跨期套利

  4. 假定当期符合交割品标准的焦煤现货报价为1400元/吨，而企业打算用来保值的期货合约价格为1300元/吨，合约为60吨/手，那么目前的基差是（ ）元/吨。

  A. 2000   B. -100

  C. 100   D. -2000

  5. 假定某焦化企业有5000吨的焦炭库存，其中的2000吨刚刚签了销售合同，但还没有交付，那么该企业需要保值的库存额度为（ ）吨。

  A. 5000   B. 2000

  C. 3000   D. 7000

二、判断题

  1. 企业在进行套期保值过程中绝不能留有风险敞口。   （ ）

  2. 基差风险主要来自基差的不确定性。   （ ）

  3. 企业套保避险的方法一定要和自己的生产经营方式和规模相匹配，即了解企业自身的敞口风险。   （ ）

  4. 焦化相关企业应当关注现货市场，不用关注投机气氛浓厚的焦炭期货市场。   （ ）

  5. 套期保值的目的主要是为了规避现货风险，而不是为了获取额外利润。   （ ）

  6. 企业进行套期保值时，将账户交给有关期货公司操作即可。（ ）

  7. 由于套利风险很小，还能获取利润，企业应该更多地关注于套利而不是套期保值。   （ ）

  8. 如果套保在期货市场上赚钱，在现货市场上亏钱，则说明套保成功；否则说明套保是失败的。   （ ）

  9. 在卖出保值操作过程中，当企业完成了产品销售之后，如果期货价格有利，不需要将期货头寸进行平仓了结。   （ ）

10. 炼焦煤价格上涨和焦炭价格下跌是焦化企业面临的两大主要风险。（   ）

参考答案

一、选择题

1. A   2. D   3. A   4. C   5. C

二、判断题

1. ×   2. √   3. √   4. ×   5. √
6. ×   7. ×   8. ×   9. ×   10. √

第五章

焦炭贸易商和钢材企业如何利用焦煤焦炭期货

> **本章要点**
>
> 期货市场是由现货商品生产、加工和贸易的风险问题、融资问题、库存问题和定价问题发展起来的,期货交易是管理风险的一种金融工具。本章分析了焦煤、焦炭期货对于焦煤焦炭贸易商和钢材生产商的重要性,然后分别详细介绍了它们在不同情况下如何利用焦煤或焦炭期货进行套期保值,从而达到对冲和规避现货价格波动风险的效果。本章采用了大量案例,针对不同情况的套期保值方法进行具体讲解,从而可以帮助企业更好地运用期货这个工具。期货交易能帮助企业锁定原材料成本和下游销售利润,但运用不当也会给企业带来损失。企业应该充分理解期货交易的内涵,利用期货对冲现货的风险,为正常的运营保驾护航。

一、贸易商利用期货市场有何优势?

2000—2008年,我国焦炭的年出口量基本保持在1000万吨以上,占世界焦炭出口量的比重超过50%,为名副其实的焦炭第一生产大国和贸易大国,在焦炭国际贸易中占有比较重要的位置。自2009年以来,国际市场需求萎缩,加上政策限制,我国焦炭出口大幅下降,2019年焦炭出口量下降至652.3万吨。而原料端焦煤的出口量也持续收缩,2001—2003年,我国的焦煤出口量均在1000万吨以上,2020年下降至87.45万吨。

2008年,作为焦炭主要用途的钢铁行业需求萎缩,2008年8月20日,我国将焦炭出口暂定税率进一步上调至40%,导致了出口大幅下滑,2008年焦炭出口同比减少20.72%。2011年以后,我国逐渐取消了40%的焦炭出口税率,但由于国内焦炭资源的短缺,我国焦炭出口量虽然较2010年有所增长,但是与2008年以前相比仍然处于较低位,2008—2019年,焦炭出口量下降了46.59%。从上游焦煤的出口税率来看,前期焦炭税率拉涨至40%时,焦煤的出口税率一直保持10%的水平,近年来随着焦炭的税率降为0,焦煤的税率维持在3%。

国内焦炭的贸易量绝对数值比较大,2019年独立焦化企业生产量为4.71亿吨,其中独立焦化厂共生产焦炭3.3亿吨左右,钢铁企业生产焦炭1.11亿吨左右。近年来,由于钢材需求相对旺盛,我国焦炭贸易量持续在高位运行。

焦煤与焦炭在钢材行业中是联系生产者和消费者的渠道,在经营上面临着上下游诸多因素的风险影响。而处于行业中游的焦煤与焦炭贸易商对二者的现货价格非常敏感,他们获得的信息和掌握的销售渠道多,且较为有效。

二、贸易商在采购和销售中存在什么风险敞口？

一般来说，风险敞口是指尚未被对冲掉的风险。对于不同的企业或者机构而言，它们面临的风险敞口不尽相同。对于上游的生产企业而言，风险敞口主要在于生产的成品价格下跌所带来的利润流失风险；对于下游的终端制造商而言，风险敞口在于生产成品所需要的原材料价格上涨所引发的成本上行风险；对于贸易商而言，风险敞口则处于双开的状态，既存在原料价格上涨所带来的成本上行风险，又存在成品价格下跌所带来的销售利润收缩风险。

对于焦煤与焦炭贸易商来讲，由于其风险敞口位于两端，一般情况下，在实际的操作过程中需要进行双向的风险管理操作。

一是当市场价格下跌时，贸易商手中持有的焦煤或焦炭价值缩水，销售利润下降，需要在出现价格下跌风险的时候，在期货市场上卖出等量的焦煤或焦炭期货合约，进行卖出套期保值的操作，从而对冲价格下跌带来的风险，锁定焦煤或焦炭的销售利润（见图5-1）。

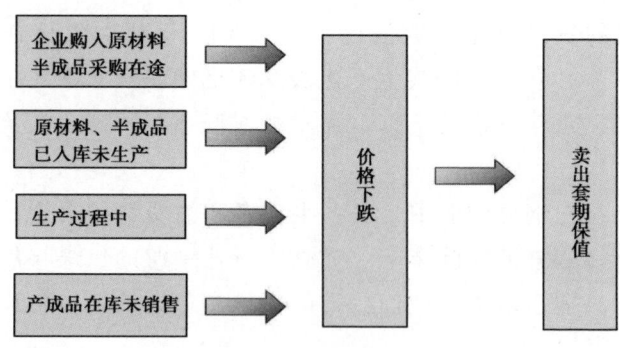

图5-1 卖出套期保值

二是当市场价格上涨或者预期价格上涨但暂时资金不足时,贸易商的购货成本上涨,进一步压缩贸易利润。此时需要在期货市场上进行买入套期保值的操作,即买入等量的焦煤或焦炭期货合约,用期货上的交易来对冲现货市场的风险,从而锁定购货成本(见图5-2)。

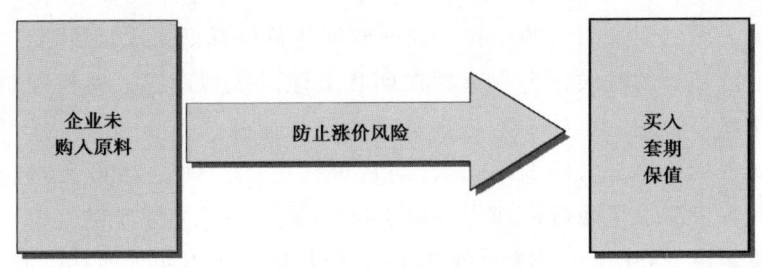

图5-2 买入套期保值

需要注意的是,贸易商在现实交易中有时存在与上游厂商签订长协合同的情况,若合同中约定了购买量与购买价格,则贸易商在实际交易中不再面临购货价格上涨带来的成本上行风险,风险敞口仅在下游。

贸易商管理企业的敞口风险,除了需要在日常的风险活动中加强管理、制订周全的采购销售计划、完善购销合同条款尤其是违约责任外,更需要利用期货市场的套期保值功能,转移风险,从而达到保证企业正常经营的目的。

三、贸易商如何利用期货市场库存保值?

在企业的经营活动中无时无刻不存在价格风险。期货市场是由现货市场发展而来的,现货市场的商品生产、加工和贸易、融资、库存和定价等问题与期货市场息息相关,也可以说期货市场是助力现货进行风险管理的重要工具。其中,帮助企业管理好库存也是套期保值的主要作用之一。

库存管理包括降低企业库存成本和锁定库存风险。对于大型的贸易商来说，如果库存过高，一方面需要付出高额的储存成本，另一方面又会占用大量的资金，增加资金的使用成本，影响企业的投资回报率。这种情况下，企业可以选择在期货市场上建立虚拟库存，即在期货市场买入相应的期货合约。

利用期货管理库存不仅限于价格上涨时期，即使在价格下行或相对平稳的时候也可以利用。这种情况主要存在于企业已经购进了足够的库存，当下的生产中无须用到这么多的库存，而此时期货价格远低于现货价格，未来价格出现下跌趋势的时候，企业选择在期货上建立虚拟库存，抛售现货库存，从而优化库存管理。比如：某焦炭贸易商计划库存为 5000 吨，由于处于弱市，焦炭现货价格是每吨 3000 元，期货价格更低，只有 2500 元/吨。鉴于弱市期间现货需求量降低，现货保持 3000 吨就足以维持正常的经营，因此，贸易商决定将 2000 吨焦炭按每吨 2980 元的价格抛售以减少库存，同时在期货市场上以 2520 元/吨的价格买进。这样，该贸易商实际库存与期货上的虚拟库存仍旧为 5000 吨，但大大降低了资金占用量，一旦市场回暖，现货需求量加大，再买回 2000 吨现货，同时卖出期货平仓，不仅不会影响现货贸易，还可以对冲一部分价格风险。

对库存风险敞口进行管理是库存管理的重要内容，期货充当了重要的管理工具，贸易商为了应对下游的提货业务，必须有库存，有库存就会有风险，风险的大小与市场环境有关。单靠现货上的买卖来增减库存风险敞口，不仅难以实现，且时间周期长，成本高，效率低下。如果利用期货交易调节库存风险敞口，操作简便，成本低，效率高。

四、贸易商如何利用期货市场提前建立库存？

经济的发展乃至行业的发展总是由高潮转向衰落，而后是逐步的平缓，再到复苏。当行业进入衰落期后，价格暴跌使生产型焦煤或焦炭企业面临亏损的局面。此时，因为全行业均面临着亏损局面，企业生产的积极性不高，所以大量企业选择检修或停止。此时，焦煤或焦炭贸易企业可以借助期货市场正常开展贸易工作，因为随着经济的逐步复苏及企业供应的减少，未来焦煤或焦炭价格走高将是必然结果。

焦煤或焦炭企业提前在期货市场上买入等量的期货合约，从而建立相应的虚拟库存，待企业需要现货库存时在现货市场上买入等量的焦煤或焦炭现货，同时将期货市场上的焦煤或焦炭合约平仓，此时即使焦煤、焦炭价格出现上涨，期货市场上的盈利也能全部或部分的覆盖掉现货市场的亏损，起到了规避风险的作用。另外，建立虚拟库存也有利于盘活企业的流动资金，减轻企业的资金压力。假定期货保证金为10%，再留下10%的资金作为抗风险资金，那么企业总共只需20%的资金。若直接囤货，企业不仅需要支付高额的焦煤或焦炭货款，还需要承担库存的仓储费、保险费、损耗费和税费等费用。两相对比之下，使用期货工具建立虚拟库存可以节省很大部分的资金成本。如果到期货合约交割时，现货供货仍旧紧张，通过期货市场交割提货，免去了四处求货的窘境。

因此，在价格明显上涨时，经销商如果将全额囤货用期货建立全部或部分的虚拟库存进行替代是相对经济且安全的操作。

另外，最终贸易商与中间贸易商签订未来供货定价合同，实际上已将价格波动的风险全面都转移到了中间贸易商，一旦价格上涨，中间贸易商只能高价采购履约。如果中间贸易商利用焦炭期货，在签订合同的同时买进期货合约，起到保护远期合约的作用，可以大大降低远期供货合约中的风险。

案例 5-1　焦煤贸易商如何利用期货市场提前建立库存

2021年10月，因前期炼焦煤供给受限，焦煤价格一路飙涨至3847元/吨，引发市场过热。随后核增产能释放，叠加国家提出大宗商品保供稳价举措，焦煤价格逐渐回落至2110.5元/吨附近。此后市场普遍预期钢厂将实施复产，提振下游需求，预计焦煤价格将上涨。基于上述背景，某焦煤贸易企业深入调研，认为后市大宗商品包括焦煤在内，均会出现大幅上涨。企业为了减少现货贸易中更多的成本开支，决定根据每月1000吨的贸易量利用期货市场进行套期保值（注：现货贸易环节减少等量的储备量），决定对未来5个月的贸易量做5000吨规模的套期保值。企业的具体运作见表5-1。

表 5-1　　　　　　　　焦煤贸易企业买入保值效果

时间	现货市场	期货市场
11月初	焦煤现货价格4050元/吨,暂时不保存库存	买入50手(5000吨)焦煤期货2205合约,建仓价格为2380元/吨
11月底	买入现货焦煤1000吨,价格为2600元/吨	平仓10手2205合约,平仓价格为2149元/吨
12月	买入1000吨焦煤,价格为2280元/吨	平仓10手2205合约,平仓价格为2219元/吨
1月	买入现货焦煤1000吨,价格为2680元/吨	平仓10手2205合约,平仓价格为2295元/吨
2月	买入现货焦煤1000吨,价格为2680元/吨	平仓10手2205合约,平仓价格为2320元/吨
3月初	买入现货焦煤1000吨,价格为3200元/吨	平仓10手2205合约,平仓价格为2798.5元/吨
盈亏状况	购买现货盈利3405万元	购买期货亏损59.25万元
结果	总盈利3345.75万元(现货盈利-期货亏损)	

虽然企业在期货市场亏损 59.25 万元,但在现货市场也盈利了 3405 万元,总盈利 3345.75 万元。现货市场的盈利完全弥补了期货市场的亏损,企业套期保值的效果得以体现。这期间,企业既节省了资金占用等成本,也保证了正常的贸易工作。

五、当销售困难时,贸易商如何寻求退路?

当焦煤价格因为受供求关系发生变化或宏观经济政策、重大消息、人为因素等影响,出现上涨行情后,生产型企业的盈利状况非常好,大部分企业都会加大马力加班加点生产。供应量的增加和焦煤的高价位压制终端需求,引发下游需求商的观望效应,进一步出现有价无市的局面。而此时,对于持有大量库存的焦煤贸易企业来说，销售环节出货不畅的局面让企业赚个盆满钵满的计划化为泡影。随着降价潮的到来，价格也随之快速下跌，企业眼看着赚钱的机会从身边溜走。这样坐过山车的行情在历史中曾发生多次。市场销售不畅，价格出现下行的风险，一级经销商为了完成贸易任务，只能选择大量的囤积库存。这时如果能利用焦煤期货市场卖出相应的期货合约，就可避免库存贬值的风险。

案例 5 – 2　　通过期货交易规避贸易商库存下跌风险

2021 年下半年开始，焦煤期货价格一路飙涨，12 月份一度涨至 1712.5 元/吨。但当时恰逢"十四五"开局之年，市场普遍担忧焦企会压减产能，从而压制焦煤需求，使得焦煤价格应声下跌。根据期、现货价格同涨同跌，方向一致和最终期货价格向现货价格靠拢的原理，企业可以通过套期保值对冲风险。当时，现货价格为 1470 元/吨，2105 期货合约价格为 1712.5 元/吨，基差为 –92.5 元/吨，扣除交割手续费、现货储存费和资金占用费后，企业仍有盈利。此时，某焦煤贸易企业有 2 万吨库存无法销售出去，决定利用期货市场以 1712.5 元/吨的价格提前卖出去，锁定销售利润，防止后市价格下跌。截至 2021 年 3 月初，现货价格没有下跌，反而略微上涨至 1500 元/吨，而期货价格下跌至 1402 元/吨，基差由最初的 –92.5 元/吨上涨至 288 元/吨，于是企业将 2 万吨现货折价卖掉，同时将期货平仓出局，其结果见表 5 – 2。

表 5 – 2　　焦煤贸易商利用期货市场规避库存下跌的保值效果

时间	现货市场	期货市场
12 月	焦煤现货价格为 1470 元/吨	卖出 20000 吨（2000 手）5 月焦煤期货合约，价格为 1712.5 元/吨
3 月初	卖出 20000 吨焦煤，价格为 1500 元/吨	买入 20000 吨焦煤期货合约，平仓价为 1402 元/吨
盈亏	3 月初卖出现货比 12 月高了 30 元/吨（盈利 60 万元）	期货总盈利 621 万元，（1712.5 – 1402）× 20000 = 621 万元
结果	此次套期保值在现货和期货市场均获得盈利，是企业较为满意的结果，不仅完全规避了价格下跌的风险，还尽可能最大化收益。总收益为 681 万元	

2021年下半年焦煤期货价格走势见图5-3。

图5-3　2021年下半年焦煤期货价格走势

资料来源：万得。

六、贸易商如何利用期货市场为已签订的购销合同规避价格风险？

在流通环节中，中间贸易商往往需要提前签订购销合同，其经营风险既有现货价格上涨带来的风险，也有现货价格下跌带来的风险。因此，中间贸易商既可以采取在期货市场上进行买入套期保值，规避现货价格上涨带来的风险，也可以在期货市场上进行卖出套期保值，从而规避现货价格下跌带来的风险。

案例 5-3 焦煤贸易商利用期货市场为已签订的购销合同规避价格风险

2021年5月,安全生产入刑导致进口锐减,焦煤价格出现持续上涨,国常会适时提出保供稳价、打击恶意炒作的相关政策,引发市场对于价格的下行预期。在7月初,某贸易商与长期合作的钢铁生产商签订了焦煤贸易合约,签约价格和当时的现货价格相近,贸易量为5000吨,价格为2050元/吨。然而,由于炼焦煤供应受限,使得焦煤价格大涨,而贸易商并未及时备货,在价格上行过程中面临着逐渐扩大的亏损,如果贸易商不履行合约将付出更沉重的代价。面对如此困境,期货公司向贸易商建议进行买入套期保值,对签订合约的风险进行锁定,回避价格进一步上涨的风险。买入套期保值的具体操作过程见表5-3。

表5-3 焦煤贸易商利用期货市场为已签订的购销合同规避价格风险的套期保值效果

时间	现货市场	期货市场
7月初	焦煤现货价格2050元/吨,贸易商签订现货合同的履行价格为2100元/吨,此时贸易商并未为此合约备货	买入500手(5000吨)期货2109合约,建仓价格为1910元/吨,此时基差为280元/吨
9月初	履行合约,买入现货。此时现货价格为3900元/吨,测算下来,每吨亏损1800元/吨(3900-2100=1800元/吨),实际亏损总额为900万元(1800×5000=9000000元)	现货合同履行的同时,将期货合约平仓,平仓价格为2907.5元/吨。期货合约每手赚997.5元/吨,总共盈利498.75万元,此时基差为942.5元/吨
盈亏状况	现货亏损900万元	期货盈利498.75万元
总盈亏	现货市场亏损900万元,但通过在期货市场买入套保盈利498.75万元,弥补了现货市场很大一部分亏损,实现了部分套期保值。套期保值的结果 = -900+498.75 = -401.25万元(企业最终亏损401.25万元)	

结论:该贸易商最终亏损金额为401.25万元,即期货买入保值盈利(498.75万元)-销售现货总亏损(900万元)。如果不进行套期保值操作,

该中间贸易商在这轮上涨中要亏损900万元。由于其利用了期货市场进行套期保值,虽然基差没有缩小,没能实现完全的套期保值,但有效的缩小了企业的亏损,规避了合同已签定却没备货的情况下,现货价格持续上涨的风险。

此外,在套期保值过程中,基差的变化对企业的套期保值效果会产生不同的影响。在签定合同后,现货和期货价格开始上涨,基差缩小,即期货价格上涨幅度大于现货价格上涨幅度,公司不仅有效回避了价格上涨的风险,也赚到了基差缩小的额外利润。但若像上述实例一般,在期货和现货价格上涨时,企业买入套保,同时基差扩大,即期货上涨幅度小于现货上涨幅度,企业只能回避一部分价格上涨的风险。

七、贸易商怎样利用期货市场融资?

企业日常经营需要大量的流动资金,在期货上进行套期保值和套利交易虽然节省大部分的资金,但仍然需要占用一小部分资金。实际上,我们在套期保值和套利交易中,可以通过标准仓单质押来获取银行贷款,盘活现金流。

标准仓单是由交易所统一制定,在交易所指定交割仓库完成入库商品验收,确认合格后签发给货物卖方的实物提货凭证。标准仓单经交易所注册后有效,采用记名方式,由其合法持有人妥善保管。

标准仓单的生成通常需要经过入库预报、商品入库、验收、指定交割仓库签发和注册等环节。对于企业来说,标准仓单质押贷款业务主要解决以下三个问题:

1. 持有标准仓单或现货库存占压大量资金,严重影响公司资金的流动性。

2. 希望降低和锁定成本,想通过期货市场采购原材料,又苦于资金不足。

3. 贷款到期时无足额资金偿还贷款，需要以标准仓单作为还款来源。

当前，国内一些商业银行都经营标准仓单质押贷款业务。该项贷款业务是指企业以自身已经持有的或者拟交割所得的标准仓单作为质押物，银行给予一定的质押率向企业发放信贷资金的一种短期融资业务。在实际的运用中，客户获得标准仓单，可以申请提前授信，以实现快速放款，贷款可循环使用，且标准仓单可以变现还贷。可以说，银行基于对期货市场标准仓单质量的信任，最大限度地、灵活地为企业提供服务。

通过标准仓单质押贷款，企业在进行套利、套期保值业务的时候可以最大限度地减少资金占用量。如果企业有扩张需要，通过标准仓单质押贷款，可以提高资金周转效率，扩大经营规模。

对于银行来说，标准仓单质押贷款业务，有期货市场严格的质量标准保证质押标的的价值；同时，可以通过期货公司、企业与客户三方合作，保证资金封闭运行，确保使用安全，实现银期企三方共赢。

延伸阅读

大连商品交易所《标准仓单管理办法》焦炭标准仓单生成的相关内容

仓库标准仓单的生成

第十一条 注册仓库标准仓单的品种由交易所在相关品种期货业务细则中规定。

第十二条 货主向指定交割仓库发货前，应当由会员向交易所办理交割预报。交易所应当在收到办理交割预报申请后的3个交易日内予以答复，并按"择优分配、统筹安排"的原则安排指定交割仓库。货主应当向交易所安排的指定交割仓库发货。除本办法和黄大豆2号等品种期货业务细则另有规定外，未办理交割预报的商品不得用于交割。

已经交割过的商品如在原指定交割仓库继续进行交割，不需办理交割预报。

第十三条 会员办理交割预报时，应当交纳交割预报定金。交割预报定金见各品种期货业务细则相关规定。

第十四条 交割预报自办理之日起有效，有效期为30个自然日。在有效期内按照交割预报执行的,交割预报定金在商品入库后予以返还;部分执行的,按照实际到货量予以返还;未在有效期内执行的,交割预报定金不予返还,未返还的交割预报定金罚没给对应指定交割仓库。

第十五条 办理完交割预报的货主应当按照各品种期货业务细则的规定将相关信息通知指定交割仓库,指定交割仓库应当合理安排接收商品入库。

第十六条 交割商品入库后,会员通过电子仓单系统办理返还交割预报定金。

第十七条 货主未向交易所安排的指定交割仓库发货的,应当重新办理交割预报,同时该批商品应当倒运到交易所新安排的指定交割仓库进行交割,由此产生的费用及出现的后果由货主承担。

焦炭检重见《大连商品交易所交割管理办法》相关规定。

第十八条 入库商品应当经过质量、数量或者重量的检验、检重或者检测,具体见各品种期货业务细则相关规定。入库过程中,包装不符合相关品种期货业务细则有关规定的,指定交割仓库应当拒收并及时通知货主。

入库商品质量、数量或者重量检验、验收合格的,指定交割仓库在与会员、境外特殊非经纪参与者或者客户结清有关费用后,可以通过电子仓单系统提交标准仓单注册申请。

标准仓单注册申请经会员确认后,交易所对标准仓单进行注册。

第十九条 达不到期货标准的商品,货主如提出委托处理,指定交割仓库可视其自身的整理能力及商品的实际情况处理,处理费用由货主承担。

厂库标准仓单的生成

第二十条 注册厂库标准仓单的品种由交易所在相关品种期货业务细则中规定。

第二十一条 会员、境外特殊非经纪参与者或者客户与厂库结清货款等费用后,厂库可以通过电子仓单系统提交标准仓单注册申请。

申请注册标准仓单的厂库应当向交易所提供交易所认可的银行履约

担保函或者其他担保方式。

标准仓单注册申请经会员确认，且厂库已经向交易所提供相关担保后，交易所对标准仓单进行注册。

第二十二条 当商品市值发生较大波动时，交易所可以根据市场变化情况要求厂库调整银行履约担保函或者其他担保方式所担保的数额。

第二十三条 单一厂库标准仓单的最大数量是指当前已注册且尚未注销的标准仓单的最大数量。

厂库标准仓单的最大数量的确定和调整，需经交易所批准并予以公布。

八、贸易商如何进行期现套利？

期现套利是指利用期货市场与现货市场之间的不合理价差，通过在两个市场进行反向交易，待价差趋于合理时获利的一种交易方式。理论上，期货价格是商品未来的价格，现货价格是商品目前的价格，按照经济学上的同一价格理论，两者间的差距，即基差（基差 = 现货价格 - 期货价格）应该等于该商品的持有成本。一旦基差与持有成本偏离较大，就出现了期现套利的机会。期现套利主要包括正向买进期现套利和反向买进期现套利两种。

持有成本是指为拥有或保留某种商品、资产等而支付的仓储费、保险费、交易费、交割费、出入库费和利息等费用总和。不过对于金融资产来说，没有仓储费、保险费以及入库费用。

以焦炭的期现套利为例，如果焦炭的期货价格与现货价格的价差绝对值大于期现套利的费用总额，就可以说在焦炭品种上具有无风险的期现套利机会。期现两个市场存在正向市场和反向市场，因此在焦炭的期现套利机会的把握和操作上也就分为了两种情况，即正向市场的无风险套利和反向市场的无风险套利。

下面本书分别针对正向市场和反向市场的情况来介绍焦炭的期现套利交易。

(一) 正向市场上焦炭的期现套利

所谓正向市场，是指焦炭期货的价格高于现货价格的一种市场状况。在正向市场上，焦炭贸易商进行期现套利的方式是：在现货市场上买入焦炭现货，在期货市场上卖出期货合约，两者的数量要保持一致。待到期交割时，以现货市场上买入的焦炭去交割，了结焦炭期货合约的空头头寸，从而赚取期现价差。

正向市场焦炭期现套利机会的判断标准是：

焦炭期货价格 – 焦炭现货价格 > 焦炭期现套利费用总额

案例 5-4　期货大幅升水，焦炭贸易商进行期现套利获利

焦炭期货上市以来，价格曾经长时间在远高于现货价格的位置上运行，期现套利机会明显。厦门的一家善于做期现套利的贸易商抓住这个机会，成功获利。这家贸易商曾经在塑料、螺纹钢品种上都做过多次交割。每次交割之前，他们也只是对交割品种有个大致的了解，只有到交割完毕之后，整个过程才会了然于胸。其可贵之处在于，只要发现了机会，他们就敢于去做，采取一切措施确保套利成功。考虑到期货公司和交易所总是会想尽办法确保顺利交割，只要套利商确保货源没有问题，套利就基本上会成功，贸易商的做法很值得学习。

焦炭期货的标的物各项指标与国标一级焦和二级焦并不相同，如果达不到指标会导致贴水严重，甚至无法交货。因此，厦门贸易商当时找了山东地区一家具有300万吨产能的大型焦化企业作为主要供货商。

厦门贸易商和山东焦化企业商讨购买标准品的协议，大体商定了价格，如果现货价格有变动，协议价会随之调整。当价格出现有利情况的时候，厦门贸易商开始建仓，成本约在2400元/吨。协议约定的是出厂价，后厦门贸易商考虑到一些不确定因素，将价格提高了些，要求焦化企业将货物送到交割仓库去，并且协助注册成仓单。这个过程中，焦化企业实际上也承担了一部分风险。相应的，厦门贸易商提前给山东焦化企业支付了一部分货款，并且将价格定在 2200 元/吨。如果达不到标准品要求,大商所贴水多少,厦门贸易商就给焦化企业贴水多少。如果货物不能交割就算山东焦化企业违约,如果指标好于标准品,不会因此而支付更高价格。

为了保证交割顺利,山东焦化企业去购买专门的焦煤,严格把控生产流程。由于当时预计交割量达到 7 万吨,为了保证交割顺利,厦门贸易商决定将交割地点分布在三个港口,分别是天津港、日照港和连云港,交割量分别为 4 万吨、2 万吨和 1 万吨。

因为山东焦化企业在天津港没有长期业务往来,多运过去的货物可能存在尾货不好销售的状况,所以山东焦化企业又找了一家在天津港长期做业务的贸易商来提供货物,也签署了背靠背的合同,如果质量贴水,则合同价也按照同样金额贴水。合同价对于当时的现货贸易价很有吸引力,但据天津贸易商说,一开始多家山西焦化企业都很感兴趣,但最后还是考虑到指标要求较高,一些焦化企业就放弃了合同。焦炭期货主力合约 2109 走势图(日线)见图 5-4。

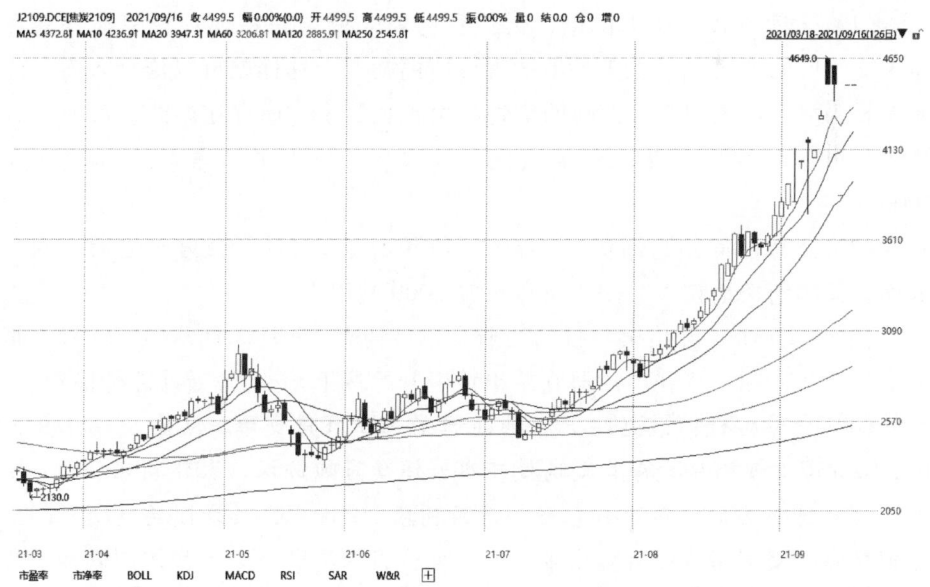

图 5-4 焦炭期货主力合约 2109 走势图(日线)

资料来源:万得。

焦炭期货主力合约2109套利区间见图5-5。

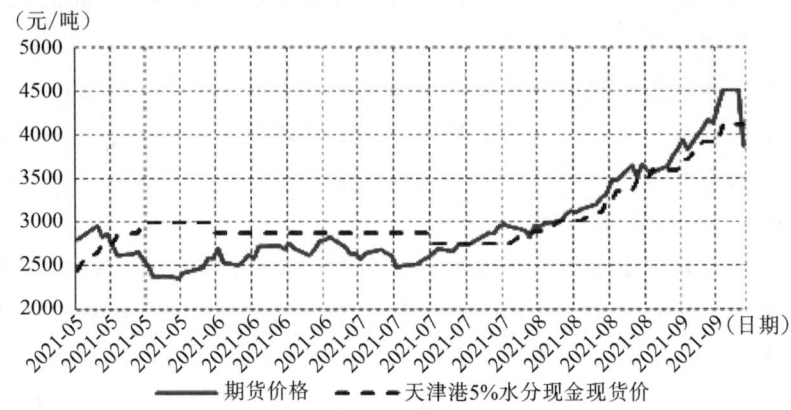

图5-5　焦炭期货主力合约2109套利区间

资料来源：万得。

1. 天津港实际交割情况

（1）入库方式：在天津港，天津贸易商采取了先在现货仓库筛好后再导入交割库的方式，这也正是期初大商所的初衷，这样就可以洽量入库，注册3.8万吨，就入库3.8万吨的货物。由于在测水方面存在误差，可能导致注册和出库时数量不够，要求焦化企业多入一些货物，最后实际多入库1000多吨焦炭。

（2）入库时间及仓储费：7月中下旬开始逐步过筛，过好筛之后一次性入库。天津港场地较大，一天可以过筛3000吨以上。

（3）8月31日开出第一批的注册仓单申请表，9月7日开出第二批，每一批是1.9万吨，从开出注册仓单申请表开始按1元/吨·天计算仓储费。

（4）仓单处理：最终在天津港注册了3.8万吨仓单，实际交割1.9万吨，注销了1.9万吨仓单，对应期货平仓1.9万吨。

（5）成本方面：资金利息按照银行利息5%计算，其余损耗是交货的天津贸易商、交割库协商推算出来的，后面的日照港和连云港都按照同样的方法估算。

（6）现货销售亏损是一个估算值，一共多入了1000吨，假定销售每吨亏损50元，折合到4万吨里，每吨亏损1.25元，这是计算的仓单注册成本。具体到厦门贸易商，其花钱购买的是注册仓单数量的焦炭，多入库的货物成本由其供货商承担。但是仓单注销后销售时肯定是低于其买入价格，这里不但有加工时的费用及损耗，还包括交割的准一级焦在市场上并不是很受欢迎，加工成本高，卖不上好价钱。在天津港交割的成本详细情况见表 5-4。

表 5-4 天津港交割成本 单位：元/吨

现货成本		期货成本	
普通仓库仓储成本	4.00	交易手续费	0.48
入交割库过筛费	8.00	期货资金占用成本	5.41
过筛损耗（货变没了）	6.30	交割费用	1.00
过筛粒度磨损（变成了焦末）	4.40	入交割库费	13.00
5%到8%的焦末损耗	26.40	入交割库质量检验费	1.50
5%到7%的水分扣重	44.00	交割库仓储费用	15.00
从现货垛位运到期货垛位运费	6.50	交割贴水	0.00
短倒装卸车过磅损耗	4.20	现货销售亏损	1.25
资金利息成本（2个月的）	15.90	期货成本合计	36.64
现货成本合计	119.70		

注：J2201 之后大商所出台了新的交割品质量标准，其中焦粉入库含量调为 7%，水分变为干基计价。本例由于在新标准之前，故不做调整。

2. 日照港交割的实际情况

山东焦化企业在日照港有长期业务往来，日照港交割的货物由山东焦化企业自己提供，这样入库完之后剩余的货物还可以随着现货贸易一起销售掉。日照港是一个港口，可供堆放存货物的地方并不大。

（1）入库方式：边筛边入，过筛出来的货物直接成为期货，不再过磅。正因为如此，仓库要求多入一些货物，以保证数量足够，当时是要求多入库 10% 的货物。

注册 1.5 万吨仓单，分成了两批注册，当时拉过去毛货大约 1.8 万吨（7%~8% 的水分），进港口时过磅毛货。焦粉占 2% 多，远小于 5% 的标准。

（2）入库时间及仓储费：货场较小，过筛时场地里只能存放下一个筛机，一天过筛的数量超不过 1500 吨，所以需要提前过筛。从 7 月底开始就陆续入库，山东焦化企业与运输公司做好了协调，保证了货物能够及时运到日照港，采取了汽运。

从开出注册仓单申请表开始计算 1 元/吨·天，8 月 25 日开出申请表。入库花了约半个月时间，下雨会影响过筛，提前过筛有助于成功注册仓单。

（3）仓单处理：厦门贸易商在后期价格有利时，平掉了部分空头头寸，同时注销了日照港仓单。期货转为现货，由山东焦化企业代为销售。

（4）成本方面：直接从山东地区运输到自家的场地里，没有入库费。进入到场地后，卸车后铲车直接铲到筛机上过筛，没有短倒费。质检费为 1.5 元/吨，由于过筛慢，一天不够 3000 吨，还要加收 2000 元，折合下来每吨检验费为 2.5 元。

厦门贸易商总成本包含在了购买价格以及后来的销售现货的亏损额中，此次 15000 吨仓单注销后，山东焦化企业将其回购，和其现货一起销售。但是回购价格肯定要低于厦门贸易商购买的价格，厦门贸易商在平仓注销仓单时预估平仓利润肯定要大于交割利润。从 8 月 25 日算起到 9 月 15 日，仓储费是 20 元/吨。

如果是分析注册仓单的成本，则要考虑多入库的货物在销售时的亏损。货物在运输到港口加工后，会造成一些不必要的损耗，即财富的消失，所以即使是按照自己的销售渠道正常销售，也会亏损，何况这些是准一级焦，和焦化企业平时销售的二级焦有差别。运输成本和运输短货就不计算在内，因为正常从产地运过来进行销售也会产生这些费用。水分也不计算在内，因为不是实际财富的损失。

（5）成本表格（见表 5-5）。

表 5-5　　　　　　　　　日照港交割成本　　　　　　　　单位：元/吨

现货成本		期货成本	
运输成本	70.00	交割费用	1.00
进库费	0.00	入库费	13.00

续表

现货成本		期货成本	
运输亏吨	6.00	入交割库质量检验费	2.50
长途运输装卸车产生的焦粒损耗	4.40	交割库仓储费用	20.00
筛选费用	6.5	现货销售亏损	5.00
过筛损耗（货变没了）	2.00	交割贴水	0.00
过筛粒度磨损（变成了焦末）	4.40		
5%到8%的焦末损耗	26.4		
5%到7%的水分扣重	44.00		
普通仓库仓储成本	2.00		
从现货垛位运到期货垛位运费	0.00		
短倒装卸车过磅损耗	0.00		
资金利息成本	15.14		
现货成本合计	180.84	期货成本合计	41.5

3. 连云港实际交割情况

山东焦化企业在连云港没有长期业务往来，又找了一家当地贸易商为其供货，此家贸易商是山西焦化企业。焦炭通过铁路从山西运输到连云港，铁路运输损耗较大，此次成本从火车卸货开始计算，不包括铁路运输的具体费用。通常，港杂费为26元/吨，卸车费为10元/吨，装船费为16元/吨，此次只卸车不装船，要支付费用为10元/吨。

(1) 入库方式：边筛边入，此次注册了1万吨仓单，毛货大约是13000吨，港口称没过磅。

(2) 入库时间及仓储费：8月1日开始过筛，过筛大约花了半个月，出质检报告加协商共花费7天时间，期间仓储费为0.1元/吨·天。从8月22日开始计，仓储费按1元/吨·天计算，到15日共计25天。

(3) 仓单处理：连云港的仓单仍然没有注销，仍在厦门贸易商手里，用于其他月份的交割。

(4) 成本：仓单成本方面，现货销售亏损计算同日照港。厦门贸易商不存在此项，因为只购买和仓单数量一样的货物，其也没有注销仓单，不存在销售这1万吨的事情。

（5）成本表格（见表 5-6）。

表 5-6　　　　　　　　连云港交割成本　　　　　　　　单位：元/吨

现货成本		期货成本	
火车卸车费	10.00	交易手续费	0.48
普通仓库仓储成本	2.20	期货资金占用成本	5.41
入交割库过筛费	7.00	交割费用	1.00
过筛损耗（货变没了）	6.30	入交割库费	13.00
过筛粒度磨损（变成了焦末）	4.40	入交割库质量检验费	1.50
7%至8%的焦末损耗	26.40	交割库仓储费用	25.00
5%到7%的水分扣重	44.00	交割贴水	0.00
从现货垛位运到期货垛位运费	5.00	现货销售亏损	5.00
短倒装卸车过磅损耗	4.20	期货成本合计	51.39
资金利息成本（2个月的）	15.90		
现货成本合计	130.46		

（6）配对及交割表（见表 5-7）。

表 5-7　　　　　　　2109 合约最后交易日注册仓单情况　　　　　　单位：手

品种	发布日期	仓库	昨日注册仓单	今日注册仓单	仓单变动
焦炭	2021年9月15日	山西华鑫	20	20	0
焦炭	2021年9月15日	山西东义	50	50	0
焦炭	2021年9月15日	物产中大（日照港）	140	140	0
焦炭	2021年9月15日	浙江汇善（青岛港）	30	30	0
焦炭小计			240	240	0
焦炭	2021年11月16日	物产中大（日照港）	410	400	-10
焦炭	2021年11月16日	青岛港	10	10	0
焦炭小计			420	410	-10
总计			660	650	-10

（二）反向市场上焦炭的期现套利

所谓反向市场，是指焦炭期货的价格低于现货价格这样一种市场状况。在反向市场上，焦炭贸易商进行期现套利的方式是：在期货市场上买入焦炭期货，在现货市场上卖出焦炭现货，两者的数量要保持一致。待到期交割时，以期货市场接回现货，从而赚取期现价差。现货市场无卖空机制，而反向期现套利是在现货市场上卖出现货，因此反向期现套利仅适用于企业手上有焦炭现货的时候。

反向市场焦炭期现套利机会的判断标准是：

焦炭现货价格 − 焦炭期货价格 > 焦炭期现套利费用总额

案例 5-5　　　　　**焦炭贸易商反向市场的无风险套利**

买入交割相对要简单（见表 5-8），成本也低，以下计算按天津港实际情况。2205 合约在跌到低点 2900 元/吨时，某贸易商进场买入。按一个月资金利息算，成本是 19 元/吨，但这是按 5% 的水分计算的价格，现货市场的售价也要折成 7% 的水，加 60 元/吨。比如 7 水 8 末现货价 3200 元/吨承兑，折合现金价 3080 元/吨，如果是 5% 的水，现金价即 3140 元/吨。所以，现货价 − 期货价 − 19 > 0 时，就可以进行买入套利。

表 5-8　　　　　买入交割套利成本　　　　　单位：元/吨

项目	金额
交易手续费	0.58
期货资金占用成本	2.15
交割费用	1.00
出库费用	13
出交割库质量检验费	1.5
交割库仓储费用	1.00
期货成本合计	19.23

部分客户买入之后，考虑到接货后销售不变，选择平仓获利了结。部分客户买入之后，参与了交割，并与交割仓库合作帮助其销售。

出库的一些实际问题：

1. 在仓单注销后的10个工作日内，买家需提走货物，如遇特殊情况，与仓库协商。

2. 水分：出库8000吨，先实际过磅出库8000吨，测水结果出来后不够再补。水分由仓库来测定，如果买家不认可，可请质检机构测水，在装车时从开垛的截面上取样。

3. 检验：在出库后的15日内双方对焦炭质量无异议的，依据仓单注册时的质量检验报告与结算升贴水。如果不认可所接货物的品质，也可请质检机构再次检验，在装车时从开垛的截面上取样。

九、钢材企业参与焦煤焦炭期货有何必要？

螺纹钢期货上市之初，部分生产企业只能间接地通过螺纹钢期货规避部分原材料价格变动风险，而大连商品交易所焦煤与焦炭期货的上市将直接助力钢铁生产企业规避原材料波动的风险。钢铁企业在生产过程中综合利用螺纹钢和焦炭期货，可以优化除固定成本以外的原料采购成本方面的风险管理。

（一）钢铁企业风险敞口分析

对于钢铁生产企业来讲，企业的主要风险：一是原材料价格上涨导致企业采购成本增加的风险；二是企业基于长期订单采购了焦煤、焦炭和铁矿石原料，锁定了生产成本，但面临成品材价格下跌导致企业利润缩水甚至亏损的风险。也就是说，企业的风险来源暴露于合同之外，体现在价格波动对企业生产和销售产生的不利影响。

目前，我国钢铁生产企业按生产规模主要分为国有大中型企业和民营企业。从钢材生产流程来看，国有大中型企业一般包括炼焦、炼铁、炼钢、轧材等主要环节。而民营企业的生产流程相对简单，民营企业一般会外购焦炭满足炼铁环节的需求,或外购生铁满足炼钢环节需求,或者直接采购钢坯进行成品材轧制。但无论何种性质的生产企业,在其风险管理过程中,既要考虑原材料采购及库存的价格波动风险,同时也要考虑成品销售及库存的价格波动风险。

(二) 钢铁企业原材料配比情况

从钢铁企业生产成本来看,目前业内粗钢生产成本计算公式大体为:
1 吨粗钢 = 1.65 吨矿粉 + 0.50 吨焦炭 + 粗轧费用 + 设备损耗 + 财务成本

递推到下游成品材(螺纹、线材、型钢等)成本则是根据用途加少量的合金材料和成品材轧制费用计算。

因此,对于钢铁企业来说,无论是以粗钢作为主营产品,还是以成品材作为主营产品,其在生产及销售过程中主要变动系数仍来源于原材料铁矿石及焦炭的价格变换情况,钢铁企业的经营风险则主要来源于成本变动,及其与销售价格对等的变化情况。

(三) 焦煤焦炭与螺纹钢期货关联度分析

从两者实际价格走势情况来看,两者的价格趋势是一致的。但是,两者的涨跌幅度不一样,螺纹钢从上市以来涨跌范围基本在 1600 ~ 6200 元/吨,焦炭价格涨跌范围在 600 ~ 4500 元/吨,螺纹钢的涨跌幅度更大。

焦炭期货的推出有利于增强我国在国际市场的定价权,同时有利于焦炭的产、运、销各个环节套期保值的实现。另外,焦炭期货的发展对于钢铁行业也具有重大战略意义,作为焦炭的主要消费下游企业,可以通过焦炭期货市场规避原料价格波动风险,从而降低成本,最终扩大利润。

 十、钢材企业怎样保护利润不被焦煤焦炭价格上涨侵蚀?

1 吨粗钢需要消耗 0.5 吨焦炭,焦炭对于钢铁冶炼厂来说,成本也不可小觑。由于近些年炼焦煤的短缺,使成本端价格占据较强的主导性,钢材的价格变动难以领先于焦煤焦炭,钢铁冶炼企业在进行套期保值的过程中面临较高的不确定性,相较前期操作难度增加。但是就钢材企业而言,套期保值仍是规避原材料波动风险和成品价格下跌风险的适用工具。

对于钢材企业而言,存在两个风险敞口,分别为焦煤焦炭价格上涨所带来的生产成本上行与钢材成品销售价格下降所导致的销售利润收缩。针对两种风险敞口进行期货套期保值所针对的期货对象以及采取的期货操作均有所不同。

企业通过买入焦炭期货合约完全锁定原材料成本,例如2021年6月,焦炭现货价格为2990元/吨,对应的2109期货合约价格为2585.5元/吨。某钢材生产企业可以买入10手2109合约对冲未来采购1000吨的原材料成本。而到2021年10月的时候,焦炭现货价格已经涨至4310元/吨,相应的期货价格应该为4402元/吨。此时,钢材企业平仓10手期货合约,并买入现货1000吨。虽然现货每吨亏损1320元,但期货合约每吨盈利1816.5元弥补了现货的亏损,从而达到了锁定原材料价格波动风险的目的。需注意,10月份由于期货主力合约已从2109换成2201,需要进行展期处理,并扣除相应的展期费用。

十一、钢材企业如何利用期货市场降低原料库存贬值的风险?

对于钢材企业的存货风险问题,我们可以采取焦炭期货套期保值的方法来应对。

(一)严格商品期货套期保值制度

具体做法就是:在大连商品交易所抛售相对应量的焦炭期货,抛售商品期货合约的月份可以根据原料加工周期产出产成品的时间来定。原则上对于风险敞口，全部实施商品套期保值以规避可能的风险损失，同时放弃潜在的收益。这样，价格下跌时企业可以通过商品期货的浮动盈利得到补偿，抵消部分存货风险。商品期货套期保值数量和价格可由以下方法确定：

在确定商品套期保值的数量时，一般确定第一个月套期保值数量后，下月套期保值数量沿用公式：

下月的套期保值数量 = 上月月末库存数量 + 本月采购量 - 本月消耗量

这种模式有效地控制了钢材企业的存货风险，但同时也放弃了价格上涨时的额外收益。

在确定商品期货套期保值的价格时，主要取决于投资决策层对下面 P 值的预期。

P = 期货交易价 - 原料平均价 - 单位行业平均加工费 - 单位交易手续费

理论上来讲，只要 P 值大于零就属于有效商品套期保值，就已经达到了防范存货风险的目的。但有的钢材企业也把 P 值看做是对商品套期保值部门的绩效考核，会设定 P 值来对套期保值部门进行预算指标的考核，以此激励商品套期保值部门发挥主观能动性，使商品期货套期保值真正成为企业防范存货风险的有效手段。

（二）钢材企业在较准确预测焦炭产品价格的基础上，运用控制存货数量的方式来控制存货风险

通常做法是：企业将能维持公司正常生产经营的存货储备称为保险储备（见图 5-6）。保险储备是 Q_1，我们可以用商品套期保值的手段先锁定好保险储备的存货风险，然后用调整经常储备数量的方法去控制存货风险。在价格预期上涨时，逐渐提高经常储备的数量，由 A 提到 B，这样，企业可享受存货价格上涨的潜在盈利。在预测价格下跌时，减少经常储备的数量，由 B 减少到 C，这样，企业可以减少存货价格下跌的损失。这种方式首先需要对市场进行准确的判断，其次在执行过程必须有部门负责对存货进行控制。这种方法既能有效地控制好存货的风险，也能让企业享受价格上涨的好处，但这种方法必须是建立在对价格趋势预测准确的基础上，否则，企业将蒙受更大的损失。

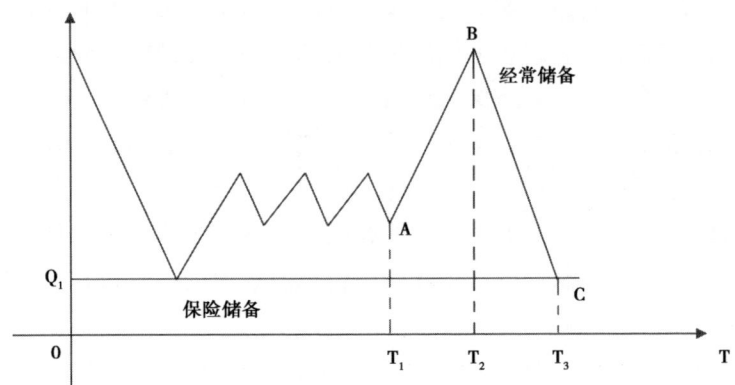

图 5-6 以控制存货数量的方式来控制存货风险

 十二、钢材企业在流动资金不足的情况下如何利用期货市场提前订购原料或锁定成本？

由于钢材生产企业的特殊性，其生产开工不能随便停下，一旦停下会对机器造成严重损坏。焦炭是钢材企业的重要原材料，钢材企业对焦炭现货市场的供求关系有比较好的了解，往往能够较好的掌握焦炭供求状况发生变化的信息。一般来说，钢材企业可以提前储备焦炭原材料以应对未来价格上涨，进而保证企业正常的运营，但库存、资金、仓储等各种原因均有可能致使计划无法切实执行。此时，有了焦炭期货市场后，当企业看涨焦炭价格时，可以用少部分的期货保证金买入焦炭合约，提前锁定原材料成本。这样既节省了大量资金占用成本，同时又规避了原材料价格上涨的风险。

案例 5-6 钢材企业在流动资金不足的情况下利用期货市场提前订购原料或锁定成本

2021 年，在经历了前三季度的持续拉涨和第四季度的暴跌之后，某钢铁企业认为焦炭价格可能会企稳。此时企业已经安排好了2022年的生产计划,在2022年春节后需要消费1万吨焦炭,而按当时2870元/吨的价格计算,企业需要2870万元,但当时银行银根收缩,企业资金流无法满足现实需求。该公司领导与期货公司焦炭研究员交流,最终得出一个较为优化的方案,即邀请期货公司为其做了一个详细的买入焦炭期货合约保值的方案(见表5-9、图5-7)。

表5-9 钢材企业利用焦炭期货市场提前采购原材料的保值效果

	现货市场	期货市场
2021年12月初	焦炭现货价格为2710元/吨,不备货	分批逢低买入100手(10000吨)2205期货合约,建仓平均价格为2847元/吨
2022年2月底	买入现货,价格为2810元/吨	买入现货的同时,将期货头寸分批平仓,平仓均价为3183元/吨。期货每吨赚336元,总共盈利3360000元(100×100×336=3360000)
盈亏状况	现货多付出100万元	期货盈利336万元
总盈亏	总盈利236万元(336-100=236万元)	

图5-7 2022年年初焦炭期货价格走势

资料来源:万得。

虽然从时间点上来说，买2203合约比较合适，但考虑到流动性问题，选择2205合约是最佳的，如果一下子买进100手（1手＝100吨）合约，可能抬高价格，冲击成本，故在3000元/吨以下逢低分批买进，不追高。

十三、企业参与套期保值需要注意哪些问题？

期货套期保值对于企业而言是非常重要的风险管理工具，因此，了解套期保值的操作方法和需要注意的问题尤为重要，具体分析如下：

一是在套期保值的过程中，由于期货交易中存在保证金制度、每日无负债制度、投机性操作、基差变动等各种因素，会衍生出无风险业务结算风险、投机性风险、基差风险等各种风险。

二是企业进行套期保值是为了规避价格波动风险，从而锁定生产成本或销售利润。因此，在评估套期保值的效果时，不能单纯地以期货最后盈亏来判断，要对期货、现货在整个套期保值时间内的盈亏情况进行综合评估。

三是企业进行套期保值要根据自己的生产规模设计合理的套期保值头寸，交易头寸不能超过自己的经营规模和风险承受能力。

四是套期保值并不意味着一定要交割，企业需要通过衡量交割、运输费等交易成本来决定是否交割，另外，交割库离企业的距离和交割品级等因素也是需要着重考虑的问题。

五是企业要注意焦煤和焦炭注册仓单的有效期，所有的焦炭标准仓单在每年的3月份最后一个工作日之前应当进行标准仓单注销；焦煤标准仓单在每个交割月份最后交割日后3个交易日内应当进行标准仓单注销。

六是企业进行套期保值应通过专业的期货公司参与，并设置专门的部门或人员进行风险控制和操作监督。

自测题

一、不定项选择题

1. 焦炭贸易企业面临（　　）敞口。
   A. 原材料价格上涨风险　　　　B. 焦炭库存贬值风险
   C. 产成品价格上涨风险　　　　D. 财务风险

2. 焦煤贸易企业可以（　　）。
   A. 在价格下跌时，卖出焦煤期货合约对库存进行套期保值
   B. 在价格上涨时，买入焦煤期货合约提前建立库存
   C. 在焦煤销售困难时，卖出期货锁定焦煤利润
   D. 利用期货市场为已签订的购销合同规避价格风险

3. 大连商品交易所规定，焦炭交割预报有效期为（　　）天。
   A. 10　　　　　　　　　　　B. 20
   C. 30　　　　　　　　　　　D. 40

4. 货主向指定交割仓库发货前，应当由会员向交易所办理交割预报。交易所应当在收到办理交割预报申请后的（　　）个交易日内予以答复，并按"择优分配、统筹安排"的原则安排指定交割仓库。
   A. 1　　　　　　　　　　　B. 3
   C. 4　　　　　　　　　　　D. 5

5. 某焦煤贸易商认为未来焦煤价格将出现较大幅度的下跌，应该（　　）进行对冲，锁定销售利润。
   A. 买入等量的期货合约　　　　B. 卖出等量的期货合约
   C. 买入2倍于销售量的期货合约　D. 卖出2倍于销售量的期货合约

6. 钢材企业生产一吨粗钢大概要消耗（　　）吨焦炭。
   A. 0.1　　　　　　　　　　B. 0.50
   C. 1　　　　　　　　　　　D. 4

7. 焦煤标准仓单在每个交割月份最后交割日后（　　）个交易日内应

当进行标准仓单注销。

A. 3 B. 5
C. 7 D. 10

二、判断题

1. 已经交割过的商品如在原指定交割仓库继续进行交割，不需办理交割预报。（   ）

2. 企业进行套期保值是以锁定原材料价格波动风险和销售利润为目的的，不能单纯地以期货最后盈亏为判断，要结合现货，整体判断效果。
（   ）

3. 套期保值一定要进行实物交割。（   ）

4. 做套期保值的时候，套期保值量可以超过自己的经营规模。（   ）

5. 钢材企业在流动资金不足的情况下，可以利用期货市场提前订购原料或锁定成本。（   ）

6. 标准仓单是由交易所统一制定，在交易所指定交割仓库完成入库商品验收，确认合格后签发给货物卖方的实物提货凭证。（   ）

7. 交割商品入库后，会员通过电子仓单系统办理返还交割预报定金。
（   ）

参考答案

一、不定项选择题

1. AB 2. ABCD 3. C 4. B 5. B
6. B 7. A

二、判断题

1. √ 2. √ 3. × 4. × 5. √
6. √ 7. √

第六章 焦煤焦炭期货的实物交割 161

第六章

焦煤焦炭期货的实物交割

> **本章要点**
>
> 实物交割是期货交易的重要一环，是联系期货市场与现货市场的纽带，是期货市场价格与现货市场价格保持紧密关系的重要保障。本章介绍了焦煤焦炭期货实物交割制度的一些常见问题，可以为企业熟悉各个环节、顺利完成实物交割提供帮助。

  一、为什么要进行期货交割？

实物交割是期货交易的最后一个环节，是联系期货市场与现货市场的纽带，也是期货市场价格发现和套期保值功能得以正常发挥和实现的重要保障。焦煤焦炭期货均采取实物交割方式，即交易双方在交割日将合约所记载的所有权按规定进行转移，了结未平仓的合约。

（一）期货实物交割实现市场发现价格的功能，并为期现套利提供机会

期货市场是以现货市场为基础的，因此，期货交割是促使期货价格和现货价格趋向一致的制度保证。当过分投机使期货价格严重偏离现货价格时，交易者就会在期货、现货两个市场间进行套利交易。当期货价格过高而现货价格过低时，交易者在期货市场上卖出期货合约，在现货市场上买进现货，现货需求增多，现货价格上升，期货合约供给增多，期货价格下降，期现价差缩小。当期货价格过低而现货价格过高时，交易者在期货市场上买进期货合约，在现货市场卖出现货，这样期货需求增多，期货价格上升，现货供给增多，现货价格下降，期现价差趋于正常。通过交割，期货、现货两个市场的联动得以实现，期货价格最终与现货价格趋于一致，使期货市场真正发挥价格"晴雨表"的功能。

（二）期货实物交割为企业实现了套期保值功能

期货市场要为现货企业实现风险转移和套期保值的功能，其前提条件如下：一是期货市场价格与现货市场价格在进入交割期时，必须趋于一致。价格趋于一致的原因在于同一时期内，期货市场与现货市场受共同供求关系的影响，使期现价格趋同，这样套期保值者才能通过在期货市场的对冲实现稳定利润、锁定成本的目的。二是期货市场在交割期内，必须保证买方套期保值者能够在期货市场上进行实物交割，买到实物，然后卖到现货市场或者作为自己企业的原材料；卖方套期保值者在现货市场买到实物后能够在期货市场的交割中将实物由期货市场卖出。

综上所述，进行期货实物交割能够实现市场发现价格的功能，为期现套利提供机会，使期现价格趋于一致，从而使得企业实现套期保值功能。

二、什么是标准仓单？焦煤焦炭的标准仓单有哪些用途？

标准仓单可以分为仓库标准仓单和厂库标准仓单。仓库标准仓单是由指

定交割仓库完成入库商品验收、确认合格后,在交易所标准仓单管理系统中签发给货主的用于提取商品的凭证。厂库标准仓单是指经过交易所批准的指定厂库按照交易所规定的程序签发的在交易所标准仓单管理系统生成的实物提货凭证。对于焦煤焦炭期货来说,其标准仓单既有仓库标准仓单,也有厂库标准仓单。

焦煤焦炭标准仓单可以用于焦煤焦炭期货的交割、焦煤焦炭期货转现货、充抵保证金、交易所外质押、交易所外转让、仓单交换或买卖交易。

为了加强期货市场和现货市场的有机联系,大连商品交易所网络主页上建立了仓单市场的一个信息平台(见图6-1),旨在为有仓单买卖及仓单交换意向的交易双方提供一个信息交流的机会。具体交易事宜由交易双方自行联系协商,交易所不承担任何由此产生的法律责任。仓单买卖报价可以单向买入、单向卖出报价,亦可以双向买卖报价。仓单交换报价时,应根据不同的仓单交易地,分别报出两个交易方向相反的价格。

图6-1 大连商品交易所仓单查询系统界面

资料来源:大连商品交易所。

延伸阅读

厂库交割制度有助于套期保值功能得到有效发挥

所谓厂库交割,是以厂家取代传统意义上的仓库,以生产能力和相应的信用保证作为出具仓单(即厂库仓单)的依据,出库时按照买方要求在规定时间内提供相应质量和数量的实物,以履行交割义务。与传统的仓库交割制度相比,厂库制度的好处有三个:一是有效降低交割成本,免去了将交割商品运到指定交割仓库的运输成本、装卸及短途倒运成本以及入库商品的检验成本等。二是能积极吸引现货商的参与,在厂库交割方式下,交割操作基本与现货购销无二,便于现货企业掌握和操作。同时,由于交割成本的降低和厂库制度的便利性,将更容易吸引和带动现货商进入期货市场。三是促进期货市场功能发挥,由于期货与现货共用一个流通渠道,有效实现了期现两大市场的无缝对接,更容易消除期现价格背离的情况,促进期货市场价格发现和套期保值功能的发挥。

厂库制度并不是我国期货市场的凭空杜撰,而是启发于美国的沿伊利诺伊河交割体系,立足于我国现实的信用状况和贸易习惯,发展于我国期货市场的不断壮大和品种的不断丰富。目前,我国实施厂库制度的品种有豆粕、豆油和棕榈油,芝加哥期货交易所(CBOT)的大豆、玉米、小麦、燕麦、豆粕、豆油,东京谷物商品交易所(TGE)的豆油、豆粕等品种也采用类似的交割体系。

一、顺应现货贸易习惯是中美进行交割制度革新的根本原因

无论美国期货市场的沿河交割,还是我国的厂库制度,本质都是为了顺应现货贸易习惯,解决现货市场问题,以有效服务现货企业参与和利用期货市场。

(一)现货贸易习惯和流通方式的改变是芝加哥期货交易所(CBOT)修改交割制度的根本原因

20世纪90年代以前,美国大豆、玉米生产区域集中,货品主要通过铁路由产地先运抵集散地集中,然后再运往消费地,芝加哥期货交易所基于这种现货贸易流通特点,设计了在芝加哥、圣路易斯和托利多等大

豆、玉米集散地设置交割仓库的交割制度。但是 90 年代以后，美国油脂、油料的生产和消费格局发生了很大变化，上下游买卖双方点对点贸易兴起，芝加哥等地的集散功能逐渐被削弱；运输方式也由铁路为主转向公路和水运，这主要是由于国家放开了对汽运和船运的政策管制，沿河兴建了很多转运站用于存储商品。另外，由于城区扩张使原本在郊区的仓库也纳入城市范围，交通堵塞给仓库交割增加了较大成本。上述贸易方式和市场情况的变化，导致越来越多的商品开始由仓库向农民手中和沿河转运站转移，在市场中或沿河转运站间流动的货物要远远多于在仓库中存储的量。在这种情况下，芝加哥期货交易所修改原交割制度，使其与现货贸易流通趋于一致就成为必要。基于以上原因，芝加哥期货交易所按照美国商品期货交易委员会（CFTC）的要求，着手修改交割制度。交割地点从以芝加哥为中心的仓库转向伊利诺伊河部分流域的转运站，交割凭证从以前的定点仓库出具的以实物为依据的仓单，改为以转运站出具的基于转运站装运率的装运凭证。

（二）点对点贸易方式和解决豆粕品质问题是我国实施厂库制度的主要原因

豆粕是我国最早实行厂库交割制度的品种，该品种自 2000 年 7 月在大连商品交易所上市后到 2004 年 6 月，一直采用仓库交割方式。但是，大连商品交易所在服务产业过程中发现，在仓库交割制度下，豆粕品种存在两个问题：一是交割成本过高，现货贸易中豆粕多以点对点贸易为主，现货商参与期货交割时，需付出额外的运费、检验费等成本才能形成仓单、注销出库；二是无法满足客户对交割豆粕的品质要求，现货中饲料企业对豆粕的新鲜度、色泽等质量要求很高，经过仓库存储后交割的豆粕新鲜度下降，色泽变差，这极大地抑制了现货商对期货市场的需求。

为了解决上述问题，大商所充分吸收芝加哥期货交易所沿河交割制度对信用仓单的监管经验，根据我国现货市场的情况进行本地化处理：引入银行信用代替财务信用保证；根据油厂的日加工能力对其日发货速度进行限定；对货主提货时间进行刚性约束，代替了芝加哥期货交易所货主与厂库协商的弹性要求；在交易所规定的时间内到厂库提货，保证豆粕质量，超过时间规定则不保证质量等。

二、沿河交割和厂库交割制度对比

无论是美国的沿河交割还是我国国内的厂库制度，其最大的创新在于交割凭证由原实物仓单改为信用凭证。美国沿河交割制度的交割凭证是由转运站签发的装运凭证，装运凭证持有人可以在指定的转运站装载指定的商品；我国厂库制度是由生产厂家签发厂库仓单，买卖双方在厂家门口进行货权转移。因此，对信用仓单的监管是信用交割制度实施的核心，芝加哥期货交易所的沿河交割和我国国内厂库制度在信用仓单监管和交割货品质量检验等方面的流程基本一致，两者的不同之处主要有三点：

（一）在信用仓单签发主体方面，我国缩小了签发范围以严控风险

美国豆粕厂库交割制度，签发信用仓单的主体除了具有一定资质的油厂等生产企业外，还包括一些大型贸易商。我国现货市场贸易企业一般规模较小，在市场中抵御风险能力较差，为了严控风险，我们只授予那些生产规模大、财务状况好、企业信誉佳的生产企业签发厂库仓单的资格。

（二）在厂库仓单签发时，我国引入银行信用代替财务信用保证，将信用风险几乎降为零

为了防范信用仓单交割风险，美国沿河交割制度规定油厂的现金流不得低于200万美元，相当于11000吨豆粕，低于此标准的油厂，每注册一手仓单须存入5000美元的担保金，相当于仓单价值的28%。我国的厂库制度除了严格考核油厂的财务状况外，任何厂家在签发仓单时必须向交易所缴纳相当于合约价值100%的现金或130%的银行保函，从这个意义上讲，我国厂库制度基本不存在信用风险。

（三）在角色定位方面，我国厂库只作为卖方而不作为仓库

在我国目前的厂库交割制度下，要求厂库对仓单实行100%现金担保，同时在签发仓单时厂库也面临一定的不确定性风险，如签发仓单和出库时货品价格不一致的风险，因此，厂库通常只对自产的产品签发仓

单。从这个意义上讲,其角色只是作为卖方,而在美国沿河交割制度下,转运站可以为任何卖方签发装运凭证。

三、厂库交割制度的要点及买卖双方利益平衡分析

(一)厂库制度要点

厂库制度与仓库制度的本质区别在于没有仓库作为中间方代替交易所验收货物并收发商品,在最后的交割环节买卖双方直接见面,所以,严格规范双方在不同情况下的责权利是厂库制度的要点。

1. 通过最大仓单注册量限制厂库恶意注册仓单。作为厂库的卖方有随时签发仓单的便利条件,为了防止厂家利用期货市场牟取不当利益,交易所对其提出最大仓单注册量的规定,交易所根据厂库的日加工能力、日常库存状况以及日装运能力等条件进行核定。

2. 通过出库速度限制厂库在价格不利的情况下恶意拖延出库。由于厂库仓单实际是一种信用仓单,交易所给厂库留出了3天的备货期和15天的发货期。厂库签发仓单时间和买方要求出库时价格可能不一样,当价格处于上涨通道时,厂库有放慢发货的意愿,当价格处于下跌通道时,厂库可能有加速出库的意愿。为了防止类似情况发生,交易所对厂库规定了日出库速度的概念,如厂库不按最低发货速度发货,即使在规定的发货期内全部完成发货任务,仍被认定为违约,需向买方缴纳相应的滞纳金。目前,大商所规定的出库速度依据工厂日加工能力的1/3为上限。

3. 通过对买方接货能力和责任的规定以保证货物正常顺畅出库。买方拿到仓单之后,在仓单有效期内可随时向厂库提出提货要求。同样,在对其不利的价格形势下或其他情况下,买方仍然可能有消极接货的倾向。因此,交易所在对卖方规定最低发货速度的前提下,对买方的接货速度也进行了相应规定,如卖方按发货速度正常发货,由于买方原因无法将货物及时运出时,买方同样算违约,需向卖方缴纳一定的滞纳金。

4. 厂库制度下交割商品品质的认定。厂库交割实行的是事后检验制度,即由厂库向买方提供交割商品的质检证明,并在出库时双方在场抽样、封存,在产品异议期内厂库对留样负有保管责任。

（二）厂库制度下买卖双方利益平衡分析

在厂库交割制度下，厂库在商品还未加工时就可以签发仓单，由于仓单存在一定的有效期，交割行为发生时买方钱款已经划转给厂库但可能不立即提货，这些都给作为厂库的卖方提供了极大便利，而买方似乎无任何收益。因此，厂库交割制度下，买卖双方便利收益的平衡问题一直是市场担忧该制度运行效果的关注点。

1. 厂库制度对于厂家来说，实际上是便利和风险共存的。在厂库交割制度下，厂家无须将货物运抵仓库，货品也无须指定检验机构检验，这在一定程度上确实给厂库提供了相当大的便利，但厂库开具仓单时也面临不确定因素：一是仓单出库时间不确定，只要这笔仓单不出库，就会占用厂库可供开仓单的数量和厂库缴纳的银行保函或者现金担保；二是未来价格不确定，厂库开具仓单时的价格与出库时价格可能会出现较大偏差，给厂库带来较大的潜在风险。

2. 通过适当增加买方天平上的砝码可以实现买卖双方共赢。虽然厂库节约了运费、检验费，而买方仍需承担运费，但通过区别对待厂库、仓库的仓储费，再配合适当的仓单有效期等，可以很好地解决买卖利益平衡问题。在厂库交割制度下，买方客户可以拿到新生产的焦炭，保证焦炭的质量，适当降低厂库仓储费，可以节约买方交割后的仓储成本，适当的仓单有效期又为买方提升了行权的价值收益，节约了买方跨期套利的操作成本。

三、焦煤焦炭的交割仓库在哪里，企业如何选择交割仓库？

大连商品交易所指定了焦煤焦炭期货的交割仓库，其中，焦煤的交割地有河北、山东、内蒙古、山西、福建,焦炭的交割地有河北、山东、内蒙古、山西、江苏、浙江。可以看到焦煤焦炭的交割地大部分贴近焦煤焦炭生产、消费的集散地,便于交割客户入库或提货。

对于期货的卖方来说,向指定交割仓库发货前,应当办理交割预报。焦煤焦炭按30元/吨向交易所交纳交割预报定金,交割预报有效期为30天。办理完交割预报的货主在发货入库前3个自然日之前,应当将车船号、品种、数量、到货时间等通知指定交割仓库。客户应当委托期货公司会员办理交割预报(入库申报)手续。

交易所在库容允许的情况下,考虑货主意愿,在3个交易日内决定是否批准入库。期货卖方应当在交易所规定的有效期内向已批准的入库申报中确定的指定交割仓库发货。未经过交易所批准入库或未在规定的有效期内入库的商品不能用于交割。

期货的卖方可以自行选择申请交割仓库。对于卖方来说,在选择交割仓库时一般需要考虑以下因素:

(一)运输成本

运输成本在卖方进行交割过程中是重要的费用之一,所占的比重较大,因此,交割仓库的选择直接影响了运输成本的高低。若某一焦炭生产企业需要进行交割入库,其所在地位于河南,根据运输成本考虑,该生产企业可选择申请江苏连云港的交割仓库进行交割。

(二)库容

除了运输成本外,还需要考虑拟选择申请的交割仓库是否有足够的库容供交割入库使用。因此,在拟进行交割入库前应电话咨询各交割仓库联系人,便于及时了解交割仓库的库容情况。

(三)升贴水

交割仓库存在地区升贴水的问题,因此,卖方也需要考虑到升贴水的问题。从目前公布的焦炭的指定交割仓库来看,山西地区的仓库是非基准库,贴水170元/吨,其他地区的仓库都是基准库,没有升贴水。焦煤方面,山西和内蒙古的仓库是非基准库，贴水300元/吨，其他地区均为基准库，没有升贴水。

不过，根据大商所2022年4月14日发布的《关于调整焦煤期货交割区域升贴水的公告》。自JM2303合约开始，将山西地区的仓库设为基准库，其他地区设为非基准库升水170元/吨。

对于买方来说，在交割过程中，需要考虑的因素主要是运输成本。交易所分配给买方投资者的仓单不一定符合其在买入意向中所注明的提货仓库需求。因此，买方投资者在拿到仓单后，可自行按需进行串换。大连商品交易所指定的焦煤焦炭期货交割仓库见表6-1至表6-4。

表6-1　　大连商品交易所指定的焦炭期货交割仓库

序号	指定交割仓库名称	地址	装运站/港
1	江苏连云港港口股份有限公司	连云港市连云区鑫港大厦2212室	铁路：连云港东站 船舶：连云港
2	日照港股份有限公司	山东省日照市上海路东段日照港国贸中心3楼	铁路：日照站/岚山站 船舶：日照港
3	中钢国际货运有限公司	天津开发区第三大街51号滨海金融街西区W5-C1-5	铁路：东大沽站 船舶：天津港
4	青岛港国际股份有限公司	青岛市港寰路58号业务与信息化部	铁路：董家口站 船舶：青岛港
5	唐山港京唐港区进出口保税储运有限公司	唐山海港开发区港兴大街（7号路）以南、海平路（10号路）以西（保税物流中心办公楼三层）	铁路：京唐港站 船舶：唐山港
6	曹妃甸港集团有限公司	河北省唐山市曹妃甸工业区弘毅码头815室	铁路：曹妃甸西站/曹妃甸站 船舶：曹妃甸港集团
7	中铝内蒙古国贸有限公司	内蒙古巴彦淖尔市临河区五一街百替文博大厦A座10层	铁路：万安站 铁路：沙河驿站

资料来源：大连商品交易所（数据截至2022年10月）。

表 6–2　　　　大连商品交易所指定的焦炭期货交割厂库

序号	指定交割厂库名称	地址	装运站/港
1	河北旭阳能源有限公司	河北省定州市定曲路	铁路：定州站
2	山西宏安焦化科技有限公司	山西省太原市平阳路 126 号安泰大厦 20 层	铁路：义安站
3	迁安市宏奥工贸有限公司	河北省迁安市太平庄乡崇家峪村南	铁路：沙河驿站
4	山西阳光焦化集团股份有限公司	山西省河津经济技术开发区西区 1 号	铁路：清涧站
5	徐州伟天化工有限公司	铜山区利国镇马元村	铁路：日照站/岚山站 船舶：日照港
6	唐钢美锦（唐山）煤化工有限公司	滦县司家营循环经济园区	铁路：菱角山 船舶：唐山港
7	河北华丰能源科技发展有限公司	河北省武安市磁山镇二街	铁路：河北陆港保税物流有限公司
8	山东兖矿国际焦化有限公司	山东省济宁市兖州区国际大道 1 号	铁路：日照站/岚山站 船舶：日照港
9	山西亚鑫能源集团有限公司	山西省太原市长治路阳光国际 A 座 22 层	铁路：日照站/岚山站 船舶：日照港
10	孝义市鹏飞实业有限公司	山西省吕梁孝义市振兴街与中和路交叉口鹏飞总部	铁路：孝南站/万安站
11	河北中煤旭阳能源有限公司	河北省邢台市襄都区晏家屯镇石相村西	铁路：日照站/岚山站 船舶：日照港
12	山西华鑫煤焦化实业集团有限公司	吕梁市交城县奈林村西口	铁路：清徐站
13	迁安市九江煤炭储运有限公司	迁安市上射雁庄乡平青大公路西侧	铁路：迁安北站
14	山西东义煤电铝集团煤化工有限公司	山西省孝义市梧桐镇旧尉屯村	铁路：孝南站
15	物产中大金属集团有限公司	浙江省杭州市凤起路 78 号	铁路：日照站 船舶：日照港 铁路：曹妃甸西站/曹妃甸站

续表

序号	指定交割厂库名称	地址	装运站/港
16	浙江汇善实业有限公司	杭州市滨江区科技馆街626号寰宇商务中心A座10楼	铁路：董家口站 船舶：青岛港
17	上海敬业企业集团有限公司	上海市浦东新区金桥路939号605室	铁路：京唐港站 船舶：唐山港

资料来源：大连商品交易所（数据截至2022年10月）。

表6-3　　大连商品交易所指定的焦煤期货交割仓库

序号	指定交割仓库名称	地址	装运站/港
1	江苏连云港港口股份有限公司	连云港市连云区鑫港大厦2212室	铁路：连云港东站 船舶：连云港
2	日照港股份有限公司	山东省日照市日照港国贸大厦1905室	铁路：日照站/岚山站 船舶：日照港
3	青岛港国际股份有限公司	青岛市港寰路58号业务与信息化部	铁路：黄岛站 船舶：青岛港
4	唐山港京唐港区进出口保税储运有限公司	唐山海港开发区港兴大街（7号路）以南、海平路（10号路）以西（保税物流中心办公楼三层）	铁路：京唐港站 船舶：唐山港
5	曹妃甸港集团有限公司	河北省唐山市曹妃甸工业区弘毅码头815室	铁路：曹妃甸西站/曹妃甸站 船舶：曹妃甸港集团
6	中铝内蒙古国贸有限公司	内蒙古巴彦淖尔市临河区五一街百替文博大厦A座10层	铁路：万安站 铁路：沙河驿站

资料来源：大连商品交易所（数据截至2022年10月）。

表6-4　　大连商品交易所指定的焦煤期货交割厂库

序号	指定交割厂库名称	地址	装运站/港
1	河钢集团北京国际贸易有限公司	北京市朝阳区建国路甲92号世茂大厦	铁路：京唐港站 船舶：唐山港

续表

序号	指定交割厂库名称	地址	装运站/港
2	厦门象屿物流集团有限责任公司	厦门现代物流园区象屿路99号厦门国际航运中心E栋9层02单元	铁路：曹妃甸西站/曹妃甸站 船舶：曹妃甸港集团
3	介休市杰安煤化有限公司	山西省介休市义安镇沙堡村	铁路：张兰站/介休站
4	灵石县亿林煤化有限公司	山西省灵石县两渡镇圪台村亿林工业园	铁路：两渡站/灵石站/冷泉站
5	山西焦煤物流有限责任公司	山西省柳林县贾家垣乡德岗垣村泰达洗煤有限责任公司	铁路：孟门站、王家会站
6	中阳县智旭选煤有限公司	中阳县枝柯镇枝柯村	铁路：枝柯站
7	山西乡宁乾升源焦煤有限公司	山西省临汾市乡宁县光华镇土窑村	铁路：张礼站
8	山西华鑫煤焦化实业集团有限公司	吕梁市交城县奈林村西口	铁路：清徐站

资料来源：大连商品交易所（数据截至2022年10月）。

> **延伸阅读**
>
> **为什么选择天津、日照、连云港、唐山港、曹妃甸港、青岛港设置焦炭交割仓库？**
>
> 大连商品交易所将天津、日照、连云港、唐山港、曹妃甸港、青岛港设置为焦炭交割仓库，主要从三方面考虑。
>
> 首先，六港口物流设施完备，能够满足大宗散货物流中转的要求。焦炭为大宗散装货品，能够中转这些大宗散货对物流中转的设施情况、仓储条件、管理物流水平等都有较高的要求。天津、日照、连云港等港口都具有优越的地理位置，拥有便利的交通和物流设施，以及足够的仓容条件，六个港口的焦炭仓容面积在全国所有港口中位居前列。便利的交通、完备的设施、足量的仓容都能够满足大宗期货品种交割的要求。
>
> 其次，天津、连云港、日照港、唐山港、曹妃甸港、青岛港是我国

焦炭出口贸易的集中发运港,可以辐射出口,在我国焦炭外贸出口、内贸中转转运方面起着重要作用。我国外贸焦炭主要从天津港出口,其次是青岛港。我国中煤、中钢、五矿、中化等大型贸易企业以及山西、河北的大型焦化企业都在港口租赁仓库,开展焦炭内外贸易。在这六个港口设立交割仓库,除了有作为蓄水池防范交割风险的作用外,更大的意义在于它们辐射出口焦炭贸易,便于这些大型贸易企业和焦化企业利用期货市场。

最后,在焦炭内贸中,这六个港口也是华北焦炭补给华东、华南地区钢铁企业的主要物流枢纽。天津港不但是我国主要的出口港,也是山西或河北焦炭向南销运的主要发运港,连云港和日照港更是我国主要的焦炭内贸港,主要用于辐射华东和华南。因此,在此六个港口设库,最大的意义在于可以辐射华东甚或华南地区,而这些地区又是资金和产业客户比较集中的区域,他们的积极参与有利于焦炭期货市场功能的发挥。

四、什么是交割结算价?

交割结算价是指在进行交割用于商品交收时所依据的基准价格。不同的交易所,以及不同的实物交割方式,交割结算价的选取也不尽相同。目前国内,期货交易所一般采用集中交割方式、滚动交割方式、期转现方式进行实物交割。

郑州商品交易所的 PTA、白糖和棉花期货采取集中交割方式,交割结算价是期货合约交割月第一个交易日起至最后交易日所有结算价格的加权平均价。上海期货交易所也采用集中交割方式,但其交割结算价是该期货合约最后交易日的结算价。大连商品交易所的大豆、玉米、豆粕、豆油采用滚动交割方式,滚动交割结算价为期货合约配对日结算价;若在最后交易日之后进行的交割,交割结算价是期货合约自交割月第一个交易日起至最后交易日所有结算价格的加权平均价。郑州商品交易所的小麦期货可以采取滚动交割方式，但对于滚动交割和最后交易日之后进行交割的，交割结算价均为配对日结算价。期转现结算价则采用买卖双方的协议价格。

交割商品计价以交割结算价为基础，再加上不同等级商品质量升贴水，以及异地交割仓库与基准交割仓库的升贴水，公式为：

交割商品价格 = 交割结算价 ± 升贴水

焦煤焦炭期货均可采用期货转现货、滚动交割和一次性交割。

期转现是指持有同一交割月份合约的交易双方通过协商达成现货买卖协议，并按照协议价格了结各自持有的期货持仓，同时进行数量相当的货款和实物交换。

滚动交割是指在交割月第一个交易日至最后交易日的前一交易日期间，由持有标准仓单（已冻结的除外）和交割月单向卖持仓的卖方客户主动提出，并由交易所组织匹配双方在规定时间完成交割的交割方式。滚动交割的交割结算价采用该期货合约滚动交割配对日的当日结算价。滚动交割流程的第一日是配对日。

一次性交割是指在合约最后交易日后，交易所组织所有未平仓合约持有者进行交割的交割方式。一次性交割的交割结算价采用该期货合约自交割月第一个交易日起至最后交易日所有成交价格的加权平均价。

五、企业进行期货交割的具体操作是怎样的？

企业需要通过期货市场进行交割，买方通过交割获得现货，卖方通过交割卖出实物，从而实现焦化企业套期保值或通过期货市场进行现货买卖的目的。

关于焦煤焦炭交割时的一般规定：第一，焦煤焦炭适用期货转现货、滚动交割和一次性交割。第二，焦煤期货合约的交割单位为 6000 吨，焦炭期货合约的交割单位为 1000 吨。第三，焦煤焦炭标准仓单分为仓库标准仓单和厂库标准仓单。第四，焦煤焦炭期货合约质量升贴水的差价款由货主同指定交割仓库结算。第五，焦煤焦炭交割开具增值税专用发票。第六，焦煤焦炭交割手续费、取样及检验费、仓储费等费用由交易所另行规定并公布。

按照大连商品交易所的有关规定，焦煤焦炭交割涉及以下几个步骤：

（一）客户申请交割预报

客户发货前须由期货经纪公司代理向交易所办理交割预报，交割预报可以提交意向仓库，交易所根据"择优分配，统筹安排"的原则，考虑客户的意向分配指定交割仓库，同时收取30元/吨的交割预报定金（根据实际到货量，在货物入库后，由期货公司凭交割仓库签字盖章的交割预报表进行返还）。

交割预报（见图6-2）没有截止期限，最后交仓单的日期为最后交割日。焦煤焦炭交割预报的有效期均为30天，超过30天未入库，将罚没预报定金。

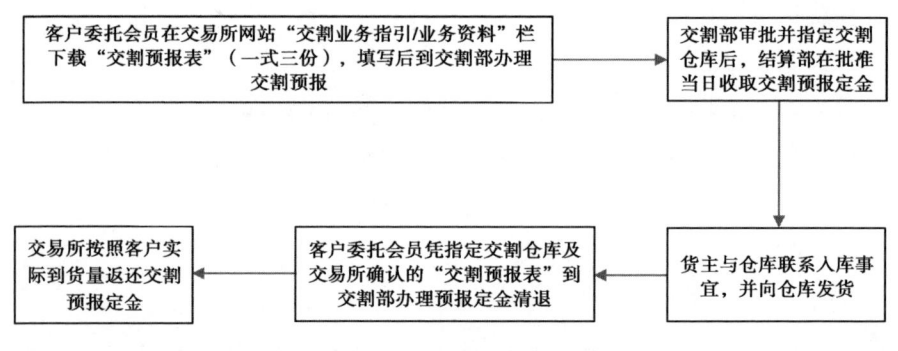

图6-2 交割预报流程

资料来源：大连商品交易所。

已经交割过的焦煤焦炭如果在原指定交割仓库进行交割，不需办理交割预报。

（二）卖方货物入库

办理完交割预报的货主在发货入库前3个自然日之前，应当将车船号、品种、数量、到货时间等通知指定交割仓库和指定质检机构，并在委托质检协议中列明。

委托质检协议中还应当明确昼夜作业费用、货主通知指定质检机构焦煤焦炭入库的方式、检验数量、出具检验报告的时间以及因指定质检机构未及时到场给货主造成损失的责任承担等内容。

焦煤抽样应当在入库堆垛时的焦煤流中进行，焦炭抽样应当在入库堆垛时的焦炭流中进行。其中，焦炭最小抽样数量为 3000 吨，不足 3000 吨的按照 3000 吨计算费用。

焦煤收发重量以指定交割仓库检重为准，检重时以地磅或轨道衡计量为准。指定交割仓库根据交易所指定的质量检验机构出具的焦煤水分检验结果，按照《大连商品交易所焦煤交割质量标准（F/DCE JM003 – 2022）》的规定对重量进行折算，并以此作为出具仓单的依据。

焦炭收发重量以指定交割仓库检重为准，检重时以地磅或轨道衡计量为准。指定交割仓库根据交易所指定的质量检验机构出具的焦炭水分检验结果，按照《大连商品交易所焦炭交割质量标准（F/DCE J001 – 2021）》的规定对重量进行折算，并以此作为出具仓单的依据。

质检机构完成入库焦煤焦炭质量检验后，应当出具检验报告正本一份，副本三份，并将正本提交货主，向交易所和指定交割仓库分别提交副本一份。

质检机构一次性检验见图 6 – 3。

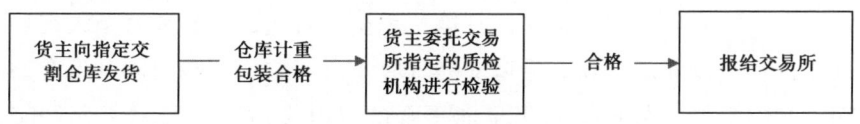

图 6 – 3 质检机构一次性检验

资料来源：大连商品交易所。

指定交割仓库可以依据仓单注册时的质量检验报告与客户结算质量升贴水，也可以经双方协商抽样、留样，在出库后的 15 日内，双方对质量无异议的，依据仓单注册时的质量检验报告与客户结算质量升贴水；一方或双方对质量有异议的，以此样品检验结果作为与客户结算质量升贴水的依据。

（三）仓单注册阶段

1. 开具"标准仓单注册申请表"前，客户与仓库结清相关费用，包括入库费、现货仓储费、杂费、地域升贴水及质量升贴水等。

2. 仓库与客户结清费用后,在"标准仓单注册申请表"上签字、盖章,然后交给会员,会员签字、盖章后到交易所进行注册。

3. "标准仓单注册申请表"未到交易所注册的,可以作为现货提货单。

4. "标准仓单注册申请表"上注明的仓储费付止日的次日,才可以办理仓单注册(见图6-4)。

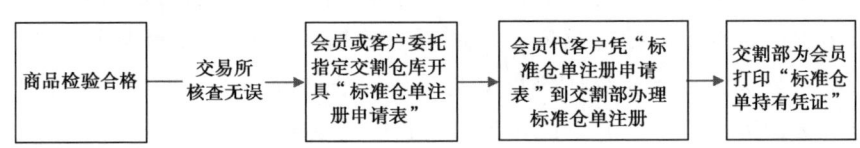

图6-4 仓单注册流程

资料来源:大连商品交易所。

(四) 交割结算阶段

焦煤焦炭集中交割注意事项如下:

客户的实物交割必须交给会员(期货公司)办理,并以会员的名义在交易所进行。

个人客户不允许交割。自交割月第一个交易日起,交易所对个人客户的交割月份持仓予以强制平仓。最后交易日收市后,个人客户交割月份合约的持仓和非交割单位整数倍持仓仍未能平仓的,由交易所按照"不允许交割持仓优先,含有时间最短持仓的交割单位整数倍持仓优先"原则,选择对手方持仓对冲平仓,平仓价格为该合约交割结算价,并对客户持有的不允许交割持仓部分处以按交割结算价计算合约价值20%的罚款,该款项支付给对方。若对冲双方均为持有不允许交割持仓的客户,交易所对双方分别处以按交割结算价计算合约价值20%的罚款,不再支付给对方。

在合约最后交易日后,所有未平仓合约的持有者须以交割履约,同一客户号买卖持仓相对应部分的持仓视为自动平仓,不予办理交割,平仓价按交割结算价计算。

最后交易日闭市后,交易所按"最少配对数"的原则通过计算机对交割月份持仓合约进行交割配对。配对结果一经确定,买卖双方不得变更。交易所将交割月份买方持仓的交易保证金转为交割预付款。

最后交割日闭市前,卖方会员须将与其交割月份合约持仓相对应的全部标准仓单和增值税发票交到交易所,买方会员须补齐与其交割月份合约持仓相对应的全额货款。

最后交割日闭市后,交易所按"最少配对数"原则将卖方交割的各仓库仓单分配给对应的配对买方。分配结果一经确定,买卖双方不得变更。交易所给买方会员开具"标准仓单持有凭证",交易所将80%的货款付给卖方会员,交易所在收到卖方会员提交的增值税专用发票后,将剩余的20%的货款付给卖方会员。

最后交割日闭市后,增值税发票的流转过程为:交割卖方客户给对应的买方客户开具增值税发票,客户开具的增值税发票由双方会员转交、领取并协助核实,交易所负责监督。

会员迟交或未提交增值税发票的,按《大连商品交易所结算细则》有关规定处理。集中交割流程见表6-5。

表6-5　　　　　　　　　　集中交割流程

操作步骤	买方			卖方		
	货款	发票	仓单	货款	发票	仓单
最后交易日配对日	配对买持仓的交易保证金转为交割预付款	提供增值税专用发票信息	—	—	索取增值税专用发票信息	—
最后交割日	收市前支付剩余交割货款	最快当日可拿到卖方开具的增值税专用发票	当日收市后即可拿到标准仓单	收到80%的交割货款,增值税专用发票合格后可收到余下20%货款	收市前提交发票,最迟不超过当月	收市前交齐全部标准仓单

资料来源:大连商品交易所。

> **案例 6-1**

焦煤期货交割流程

山西的焦煤企业 A 为本次焦煤交割的卖方，河北的焦化企业 B 为本次焦煤期货交割的买方，双方在焦煤期货 2205 合约上分别有 101 手和 103 手的期货头寸，计划以 100 手进入交割，A 企业通过期货交割卖出 6000 吨焦煤现货，B 企业通过期货交割买入 6000 吨焦煤现货。

交割前准备环节：

（一）在进入交割月之前，卖方应对持仓进行相应的调整

进入交割月前，双方各自将持仓调整为 100 的倍数，A、B 双方均调整为 100 手，准备进行交割。

（二）卖方货物入库及制单

卖方进行焦炭交割，因此，A 企业必须准备好相应的符合交易所交割标准的焦煤现货 6000 吨，并根据路程远近、运输条件等因素选择唐山港作为交割仓库。首先 A 企业向交易所提出入库申请，交易所在库容允许情况下，考虑货主意愿，在 3 个交易日内决定是否批准入库。A 企业在交易所规定的有效期内向已批准的入库申报中确定的指定交割仓库发货。A 企业在发货入库前 3 个自然日之前，将车船号、品种、数量、到货时间等通知了指定交割仓库和指定质检机构，并在委托质检协议中列明。A 企业在委托质检协议中还明确了昼夜作业费用、货主通知指定质检机构焦煤入库的方式、检验数量、出具检验报告的时间以及因指定质检机构未及时到场给货主造成损失的责任承担等内容。在这 6000 吨焦煤运抵指定交割仓库后，指定交割仓库按交易所有关规定对到货及相关凭证进行了验核。在交易所指定的质检机构对焦煤进行了检验，A 企业所开户的期货公司向交易所提交制作标准仓单申请获得交易所批准后，指定交割仓库签发了标准仓单。交易所批准后制作标准仓单，经确认后，生成标准仓单。同时，A 企业支付交易所和仓库相关的交割费用。

标准仓单生成后，两家企业开始等待交割环节的到来。焦煤 2205 合约在最后交易日的结算价为 2974 元/吨，唐山港的交割仓库无地区升贴水，A 企业的焦煤也符合交割品的品级，没有升贴水，因此，实际交割货款价格为

2974 元/吨。

最后交易日是 2022 年 5 月 18 日，A 企业向 B 企业索取增值税专用发票信息，B 企业的配对买持仓的交易保证金转为交割预付款，并向 A 企业提供增值税专用发票信息，内容包括购货单位名称、地址、纳税人登记号、金额等信息。

在最后交割日 2022 年 5 月 23 日闭市前，卖方 A 企业收到 80% 的交割货款 1427.52 万元（6000×2974×80%）。A 企业在收市前提交全部仓单和增值税专用发票，在提交增了值税专用发票后（增值税发票的金额为 1784.40 万元），可收到余下 20% 货款。买方 B 企业支付剩余 20% 的款项 356.88 万元，并收到全部仓单和增值税专用发票。

（三）买方提货出库

B 企业通过交割流程获得 6000 吨焦煤的标准仓单，凭标准仓单向交易所换取提货单。B 企业凭提货单向交割仓库提货，并支付相应的出库费、仓储费等费用。

至此，焦煤期货的集中交割完成。

标准仓单在交易所进行实物交割的流转程序如下：

（1）卖方投资者背书后交卖方经纪会员。
（2）卖方会员背书后交至交易所。
（3）交易所盖章后交买方会员。
（4）买方经纪会员背书后交买方投资者。
（5）买方非经纪会员、买方投资者背书后至仓库办理有关手续。
（6）仓库或其代理人盖章后，买方非经纪会员、买方投资者可提货或转让。

六、库存高企，销售不畅时企业如何在期货市场卖出交割保值？

流通市场上的现货是商品社会中已经存在的、可以用来交换且代表一定价值的标的物，它包括商品现货、现货仓单等。现货交易是指买卖双方以物权转换为目的的商品交易方式，即由拥有商品准备立即售出的卖方和拥有货币想立即得到商品的买方直接交易，即时成交。现货交易的特点是：现买现卖，钱货两清。

例如：焦煤贸易商以2800元/吨的价格买入1000吨焦煤，再以3000元/吨的价格卖出，那么他就获得了200000元的收益，这种即时交易就是现货贸易。

在单一的现货市场上，价格的波动对于交易者存在很大的风险，尤其在2008年的金融危机以后，大宗商品的金融属性越来越强，波动也越来越频繁，企业开始青睐于利用期货市场进行风险规避。

案例6-2　焦化企业如何在期货市场卖出交割保值

2021年11月之后，上游煤炭保供稳价，下游粗钢平控，在成本崩塌、需求缩减两大利空因素的拖累下，焦炭价格出现了下跌趋势，现货成交十分清淡。随着价格回落，企业库存高企，销售困难。如果焦化企业事先利用焦炭期货实物交割这个工具，则可以顺利解决这个问题。如果现货市场成交清淡，价格回落，那么选择卖空期货，等待交割是一个很好的选择，这样企业不仅将手中的库存清空，资金也得到了流转，更重要的是降低了价格连续下跌无法卖出的风险。

2021年11月，终端需求减弱，下游对焦炭的提降速度快于成本端焦煤下调的速度，焦化企业库存高企，利润持续处于低位，局面堪忧。山西吕梁某焦化企业的负责人张先生一直对焦炭期货比较关注，平时常常会观察盘面。10月19日焦炭期货在黑色板块大跌的情况下大幅下杀9%，次日继续走低，这一天天津港准一级冶金焦的价格为4300元/吨，但下游企业不愿高位接货，处于有价无市的状态。焦炭期货的价格为3915元/吨左右，现货严重高估，期货下跌引领现货，后续现货有下滑风险。考虑到企业还有20000吨焦炭库存，下游对高价焦炭抵制情绪严重，销售困难，张先生认为后期焦炭还将继续下跌，决定在期货上卖出保值。综合考虑企业资金的情况，决定卖出100手即10000吨焦炭，成交均价为3900元/吨。经过测算，焦炭注册仓单成本、运费及其他费用为100元/吨。进入交割月，焦炭期货价格一直在3000元/吨上下波动，而当时天津港的焦炭现货价格为2800元/吨，综合考虑以后,张先生在天津港注册了仓单,决定以交割的方式完成套期保值。焦炭期货在2022年1月17日的交割结算价为3090元/吨,当日的现货价格为3210元/吨,但是有价无市,成交比较清淡。

最后该焦化企业通过实物交割,在除去交割费用后实际卖出价格为3915-100=3815元/吨。通过在期货市场上卖出交割保值,该焦化企业实现了额外盈利3815-3210=605元/吨。

焦炭期货2201日线走势见图6-5。

图6-5 焦炭期货2201日线走势

资料来源:万得。

七、钢材企业如何通过买入交割的方式完成套期保值?

在期货市场上,如果出现了期货合约贴水,现货强于期货的情况,那么这时下游的消费企业可以积极利用期货渠道进行买入交割的方式来采购相应的现货。

案例 6-3　钢材企业如何通过买入交割的方式完成套期保值

2021年中期，在国常会持续保供稳价、打击恶意炒作的大背景下，焦炭价格出现小轮下跌，J2109合约下降至2021年5月底的2352.5元/吨。同期，山西产准一级冶金焦价格则出现了上涨，2021年5月底的到厂报价已经上涨至2990元/吨。山西某家钢铁企业考虑到下半年需要备货5000吨焦炭，在综合考虑当前市场环境和企业自身因素的情况下，认为当前5月底的焦炭期货价格是比较合适的买入点，于是该企业选择了在大连商品交易所买入50手焦炭期货合约，成交均价为2360元/吨，之后几个交易日，焦炭期货的价格大幅上涨，至8月31日期货价格涨为3750元/吨，虽然这时企业的期货账户出现了盈利，但当时承德的焦炭现货价格为3590元/吨，经过进一步测算，交割费用、运费及其他费用约100元/吨，买入焦炭的总成本约为2360+100=2460元/吨，如果在期货市场进行交割还有1290元/吨的利润。该企业认为到期交割更有利于企业采购成本的下降，于是该企业一直持有9月焦炭期货合约多单到9月14日（最后交易日），该日的交割结算价为3865元/吨。

这样，该企业的最终采购成本是2360+100=2460元/吨，买下了5000吨焦炭，明显要比9月14日4110元/吨的现货价格便宜。

焦炭期货2109日线走势见图6-6。

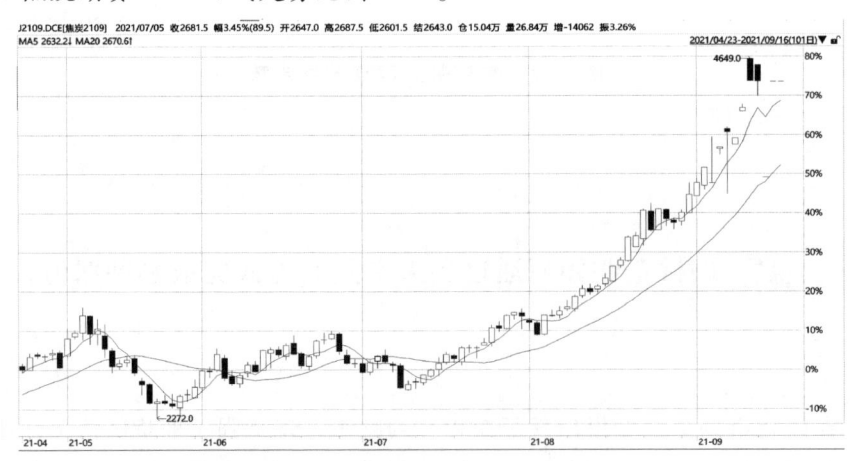

图6-6　焦炭期货2109日线走势

资料来源：万得。

> **延伸阅读**
>
> **交割量大是否对期货市场有利？**
>
> 交割在期货市场中具有十分重要的地位，它是连接期货市场与现货市场的纽带。由于交割的存在，才使期货价格与现货价格保持同方向波动，并于最后交割时趋于一致。
>
> 交割是非常重要的。通常情况下，任何一个规范运作的期货市场都不能也不会以任何理由限制交割。但是，我们也注意到，国外成熟的期货交易所，其交割率又是相当低的。
>
> 如果用某一合约的交割量除以该合约成交总量的方法来计算交割率，那么根据1998年大连商品交易所大豆6个合约实物交割量及成交量统计，该6个合约的平均交割率为0.15%。但是，其中9811合约交割率则高达0.285%。该合约最终实物交割近11万吨。
>
> 在西方一些期货市场发达的国家，人们普遍认为交割量与合约的交易量相比是微不足道的，一些专家甚至认为大量的交割是市场存在问题的表现。希隆尼（Hierongmus）说，在运行正常的市场上，几乎不进行交割。达成期货合约不是为了交换所有权。交割量大的市场是一个失败的市场。
>
> 经美国商品期货交易委员会（CFTC）批准，芝加哥期货交易所（CBOT）于1998年5月上旬决定，采纳会员关于对玉米、大豆期货交割地点进行重大改革的建议。该建议中"背景材料及修改原因"这部分的一个主要观点就是"期货交割制度是为了保证期货价格和现货价格在交割月份的聚合，而不是要成为标的物商品的货源渠道；后者是建立现货市场的目的，而非期货市场的目的。"

八、焦煤焦炭交割环节产生的费用如何计算？

在期货交割过程中会产生一些费用，同时，交易所会员进行实物交割，还应按规定向交易所缴纳交割手续费。因此，对于买方和卖方来说，其各自所承担的费用略有不同。

假设某客户要对J2205合约进行交割。该客户提前一个月于4月25日将货物入库，因此仓储费需交纳至交割结束即5月23日，共计28天，以专用线进出库。

卖方交割费用 = 交割手续费 + 交割仓库费用 = 1（交割手续费）+ 28 × 1（仓储费）+ 13（入库费，日照港气运为例）+ 1（质检费）= 43（元/吨）

若买方在最后交割日后5天提货，则需另加5天的仓储费。

买方交割费用 = 交割手续费 + 交割仓库费用 = 1（交割手续费）+ 5 × 1（仓储费）+ 26（出库费，日照港船运为例）= 32（元/吨）

（一）买卖双方交割费用对比（见表6-6）

表6-6　　　　　　　　买卖双方交割费用对比

项目	买方	卖方	备注
交割手续费	1元/吨	1元/吨	
交割预报定金	—	30元/吨	30天有效期，按实际入库数量返还
仓单注册检验费	参照有关行业规定的收费标准收取		
期货仓储费	1元/吨	1元/吨	
入库/出库费	交易所根据实际情况不定期调整，不同仓库及不同运输方式费用标准不同		详见《焦煤/焦炭期货交割相关费用规定》

资料来源：大连商品交易所。

(二) 仓储费收取节点 (见表 6-7)

表 6-7　　　　　　　　　　仓储费收取节点

时间区间	收取标准	收取方式
商品入库至仓储费付止日	现货标准	仓库与货主结清
仓储费付止次日至仓单注销日	期货标准	在下月初从仓单所属会员的账户划转到仓库的账户
仓单注销日后第一日后	现货标准	仓库与货主结清

资料来源：大连商品交易所。

交割费用说明：进行实物交割的双方应当分别向交易所交纳交割手续费，交易所收取 1 元/吨。

商品出入库和在库储存期间发生的费用项目和标准由交易所核定。

指定交割仓库正常收费项目和费用计收方法如下：

一是入库费、出库费，由指定交割仓库根据实际发生的项目及劳务，按规定标准出具合法结算凭证，交货主核对后，由货主向指定交割仓库一次付清。

二是仓储费按日收取。最后交割日以前的仓储费用由卖方承担，最后交割日（含当日）以后的仓储费用由买方承担。收费后，由指定交割仓库在标准仓单上注明仓储费付止日期。每月初，交易所从客户所在会员的账户上收取上一个月份的期货仓储费，会员再从客户账户上收取。客户可请会员通过大连商品交易所会员服务系统协助查询本月需缴纳的期货仓储费。

 九、期转现业务是什么？如何进行期转现交易？

有没有一种交易方式，既可以利用期货市场提供的种种便利，又可以节省不必要的交割成本呢？我国建立期货市场是为了更好地服务于国民经济，那么期货交易所自然会考虑为客户尽量节省交易成本，优化资源配置。为满足客户的需要，我国期货交易所为广大期货投资者提供了期转现的交割方式。

期转现是指持有方向相反的同一月份合约的会员（投资者）协商一致并向交易所提出申请，获得交易所批准后，分别将各自持有的合约按交易所规定的价格由交易所代为平仓，同时按双方协议价格进行与期货合约标的物数量相当、品种相同、方向相同的标准仓单的交换行为。

相较而言，焦煤焦炭期货比现有其他品种更加需要期转现制度。焦企由于炼焦炉的工艺不同，对于焦煤的质量指标要求存在一定差异。同样的，钢铁企业也在炉型和生产工艺等方面存在差异，对焦炭品质有个性化的需求。因此在现货贸易中，洗煤厂通常和焦企签订长协合同，焦企经常为钢铁厂量身订做个性化的产品，这种焦煤焦炭品质与期货交割标准存在一定差异，而且买卖双方大多采用点对点直销的方式开展贸易，货物一般不会流经指定交割库。与现有其他品种相比，焦煤焦炭市场的个性化供求特征显得尤为突出，这在一定程度上限制了企业直接参与期货的积极性，焦煤焦炭比其他现有品种更加需要运行良好的期转现制度，以满足产业客户的个性化投资需求。

期转现交易的步骤如下：

（一）买卖双方达成协议

提出期转现申请的客户必须是单位客户，且必须在欲进行期转现合约上市之日起至交割月份前一个月倒数第三个交易日（含当日）止这个期限内，买卖双方对交换的价格协商一致。

（二）向交易所提出申请

采用标准仓单进行期转现时，会员应在交易日11：30前向交易所提出申请，交易所在申请当日予以审批。批准日11：30前，卖方会员应将相应数量的标准仓单交到交易所，买方会员应将按协议价格计算的全额货款划入交易所账户。

交易双方达成现货买卖协议后，应向交易所提交下述材料：

（1）期转现申请。

(2) 现货买卖协议。

(3) 相关的货款证明。

(4) 相关的标准仓单、入库单、存货单等货物持有证明。

(三) 期转现的头寸处理

期转现批准日结算时，交易所将交易双方的期转现持仓按协议价格进行结算处理，产生的盈亏计入当日平仓盈亏。

(四) 货款划转

期转现分为标准仓单期转现和非标准仓单期转现。

标准仓单期转现的仓单交收和货款支付由交易所负责办理，在标准仓单期转现批准日 11：30 前，买方会员将全额货款划入交易所的专用结算账户，卖方会员将相应数量的标准仓单交到交易所，向买方会员提交增值税专用发票。

采用非标准仓单进行期转现时，交易所在收到申请后的 3 个交易日内予以审批。非标准仓单期转现的货物交收和货款支付由交易双方自行协商确定，交易所对此不承担保证责任。

期转现手续费：期转现批准日结算时，交易所从会员结算准备金中扣划期转现手续费，标准仓单的期转现手续费按该品种交割手续费标准收取，非标准仓单的期转现手续费按该品种交易手续费标准收取。

大连商品交易所期转现的交割流程见表 6-8。

表 6-8　　　　　大连商品交易所期转现的交割流程

期转现种类	申请及批复	提交材料	双方义务	货款交收	交割费用
标准仓单期转现	交易日 11：30 前剔除申请，交易所在申请的当日内予以审批	期转现申请；现货买卖协议；相关的货款证明；相关的标准仓单、入库单、存货单等货物持有证明	批准日结算前，卖方提交相应数量的标准仓单、增值税专用发票；买方付全额货款	仓单交收和货款交付由交易所负责办理	按该品种交割手续费标准收取

续表

期转现种类	申请及批复	提交材料	双方义务	货款交收	交割费用
非标准仓单期转现	交易所在受到申请后的三个交易日内予以审批	期转现申请；现货买卖协议；相关的货款证明；相关的标准仓单、入库单、存货单等货物持有证明	交易双方在现货交易结束后向交易所提交货物交收和货款支付证明，交易所有权进行监督和核查	货物交收和货款支付由交易双方自行协商确定，交易所不承担保证责任	按该品种交易手续费标准收取

注：详见《大连商品交易所交割管理办法》。

在我国，焦煤焦炭的生产、消费格局具有较强的地域性特征。焦炭的生产主要集中在华北地区，焦炭产量前五的省份为山西、陕西、河北、内蒙古和山东，其中山西、河北、内蒙古均位于华北地区。焦炭的消费主要处在华北和华东地区，粗钢产量前五的省份为河北、江苏、山东、辽宁和山西，其中河北和山西属华北，江苏和山东属华东。相较而言，焦煤的分布更加集中，产量前五的省份为山西、安徽、山东、内蒙古和贵州，仅山西一家便占据了全国产量的一半左右。

为了满足煤焦生产和消费企业的需求，焦煤焦炭的交割仓库也主要集中在河北、山东、山西、江苏、天津。但是仍有少量客户认为交割仓库的分布不利于他们进行焦炭期货的交易与交割，此时就需要用到期转现交易了。下面我们以焦炭为例，介绍期转现交易的流程。

案例 6－4　　焦炭的期转现交易

李先生是四川成都一家焦化企业的负责人，2021 年 10 月之后，终端房地产对钢材的需求转弱，下游钢厂利润收缩，对高价焦炭较为抵制。另外，煤炭的保供稳价也有可能使焦煤端出现成本崩塌。因此，李先生预计焦炭价格还将继续走弱，于是在 10 月下旬卖出焦炭期货合约 J2201 进行套期保值，以锁定生产利润，同时由于企业的库存较多，销售比较困难，决定将焦炭现货在期货市场上交割。

到了 11 月下旬，焦炭期货价格逐步见底，焦化利润接近亏损线，贵州一家钢材企业负责人张先生认为由于焦煤价格坚挺，焦炭有一定的成本支撑，预计继续下跌的可能不大，于是在 2700 元/吨的位置买入 J2201 合约进行保值，并决定从期货市场上接现货。

但是距离四川和贵州最近的交割仓库连云港有 1400 多公里，而这两家企业之间的距离只有 500 公里，按照正常交割，四川的企业将把焦炭运送到连云港，而贵州的企业也得跑到连云港交割库提货。

这时李先生可以通过交易所或者期货公司与准备买入交割的张先生联系，双方经过谈判、验货，焦化企业和钢材企业认为双方可以达成协议，那么就可以在指定时间前向交易所提出期转现的申请。

李先生在 10 月的建仓点位是 3700 元/吨，12 月下旬，焦炭期货价格从底部回升至 3000 元/吨，经过期货公司公平计算，焦炭期货的交割费用在 50 元/吨，该费用得到双方的认可，于是双方将平仓价格定在 3050 元/吨，并报送交易所。

经过期转现，焦化企业实际卖出焦炭的价格为 3700 元/吨，如果按照标准期货交割的方式，厂家实际销售的价格为 3700 - 50 = 3650 元/吨，且没有计算运费。对于钢材企业来说，相当于在 2700 元/吨的位置买到了焦炭，而按照标准期货交割的方式，实际购买的价格为 2700 + 50 = 2750 元/吨，也没有计算运费。

对于买卖双方而言，期转现可以说是互惠互利，而且期转现对于焦化企业的利益来说可能还远不止节省了运费和交割成本，期转现实际上为卖方提供了一种提前交割、提前回笼资金的途径，所以从企业整体的运营来看，期转现还会给卖方带来更多的间接利益。

期转现业务并不一定是标准仓单，非标准仓单也可以进行期转现业务操作。

申请非标准仓单的期转现时，除必须填写交易所统一的申请表外，还必须提供相应的买卖协议和提单复印件。

非标准仓单的期转现票据交换在相关会员之间进行。涉及非标准仓单实物交割质量纠纷的，由相关会员自行处理，交易所对此不承担担保责任。

十、什么样的焦煤焦炭可以进行实物交割?

焦煤焦炭的品质差别比较大,并不是所有的焦煤焦炭都可以进行实物交割,同时,不同品种的焦煤焦炭,相对于标准品有升贴水。下面我们来具体了解一下大连商品交易所规定的焦煤焦炭的标准品质量要求和替代品的升贴水(见表6-9和表6-10)。

表6-9　　　　　焦煤标准品质量要求

F/DCE JM003-2022 (JM2304开始)					
大商所焦煤合约标的交割要求		替代交割品的质量差异升贴水			
指标	质量标准	指标	允许范围	升贴水	升贴水范围
灰分Ad,%	≤10.5	灰分Ad,%	≤10	升价30	30
硫分St,d,%	≤1.3		>10且≤10.5	0	0
水分Mt,%	≤8		>10.5且≤11	扣价30	-30
粘结指数G	≥75	硫分St,d,%	<0.7	以0.7计	150
反应后强度CSR,%	≥60且<65		≥0.7且<1.3	每降低0.01%,升价2.5	(0,150]
胶质层最大厚度Y,mm	≥10		>1.3且≤1.6	每增加0.01%,扣价5	[-150,0)
挥发分Vdaf,%	>16且≤26	挥发分Vdaf,%	>26且≤28	扣价50	-50
镜质体最大反射率,%	1.0-1.6占比(R_{max}占比)≥70	反应后强度CSR,%	≥65	升价80	80
		水分	—	600吨×(1-8.0%)/[1-水分实测结果(%)]	
镜质体随机反射率标准,%	≤0.13				

资料来源:大连商品交易所。

第六章 焦煤焦炭期货的实物交割 193

表 6-10　　　　　　　　焦炭标准品质量要求

F/DCE J001-2021（J2201 开始）

大商所焦炭合约标的交割要求		替代交割品的质量差异升贴水			
指标	质量标准	指标	允许范围	升贴水	升贴水范围
灰分 Ad,%	≤13	灰分 Ad,%	≤13.5	每增加0.1%，扣价5元	[-25, 0)
硫分 St, d,%	≤0.7		≥12.5 且 <13	每减少0.1%，升价3元	(0, 15]
水分 Mt,%	干基计价		<12.5	以12.5计	15
反应性 CRI,%	>25 且 ≤30	硫分 St, d,%	≤0.75	每增加0.01%，扣价5元	[-25, 0)
反应后强度 CSR,%	≥60 且 <65		≥0.65 且 <0.7	每降低0.01%，升价3元	(0, 15]
M40,%	≥80		<0.65	以0.65计	15
挥发分 Vdaf,%	≤1.7	M40、M10	M40 [78, 80) M10 (7.5, 8.5]	出现任一项扣30元	-30
		反应后强度 CSR、反应性,%	CSR≥65 或 CRI≤25	出现任一项扣40元	-40
			CSR≥65 或 CRI≤25	出现任一项升50元	50

资料来源：大连商品交易所。

一、单选题

1. 大连商品交易所指定了焦煤期货的交割仓库，交割地主要分布在（　　）、山西、山东、内蒙古、福建等地，贴近焦煤生产、消费的集散地，便于焦煤交割客户入库或提货。

A. 河北　　　　　　　　　　　　B. 黑龙江

C. 陕西 D. 贵州

2. 对于焦煤焦炭期货的卖方来说，向指定交割仓库发货前，应当办理交割预报。按（　　）元/吨向交易所交纳交割预报定金，交割预报有效期为30天。

A. 10 B. 20
C. 30 D. 40

3. 焦煤的期货仓储费每天是（　　）元/吨。

A. 0.5 B. 1
C. 1.5 D. 2

4. 根据最新的升贴水标准，JM2303合约之后，（　　）省的焦煤交割仓库为基准库。

A. 河北 B. 山东
C. 山西 D. 江苏

5. 客户向交易所提交期转现申请的最后期限是（　　）。

A. 交割月份前一个月倒数第一个交易日（含当日）
B. 交割月份前一个月倒数第二个交易日（含当日）
C. 交割月份前一个月倒数第三个交易日（含当日）
D. 交割月份前一个月倒数第四个交易日（含当日）

二、判断题

1. 焦煤焦炭期货采用滚动交割的方式进行，其交割结算价是该合约自交割月第一个交易日起至最后交易日所有成交价格的加权平均价。（　　）

2. 焦煤焦炭交割预报的有效期为30天，超过30天未入库，将罚没预报定金。（　　）

3. 焦煤合约进入交割月前，交易方应将持仓调整为5的倍数。（　　）

4. 期货交易是指买卖双方以物权转换为目的的商品交易方式，即由拥有商品准备立即售出的卖方和拥有货币想立即得到商品的买方直接交易，即时成交。（　　）

5. 最后交割日以前的仓储费用由卖方承担，最后交割日（含当日）以后的仓储费用由买方承担。（　　）

三、填空题

1. 期货市场是以现货市场为基础的，因此，_____是促使期货价格和现货价格趋向一致的制度保证。

2. 标准仓单可以分为仓库标准仓单和_____标准仓单。

3. 大连商品交易所的焦炭的交割仓库有三个，分别是天津港、连云港和_____。

4. 焦煤的最小交割单位是_____吨，焦炭的最小交割单位是_____吨。

5. 焦炭标准品级对灰分的规定是应小于_____，对水分含量的要求是_____。

参考答案

一、选择题

1. A　　2. C　　3. B　　4. C　　5. C

二、判断题

1. ×　　2. √　　3. ×　　4. ×　　5. √

三、填空题

1. 交割　　2. 厂库　　3. 日照港　　4. 6000；1000
5. 12.5%；干基计价

第七章

期货的投机交易

本章要点

本章内容主要针对的是个人投资者,主要介绍了期货交易和股票交易的差异、投资者如何从基本面和技术面出发进行期货的交易、投资者怎么养成正确的交易理念和习惯、投资者如何进行资金管理和控制风险等。通过本章内容的阅读,投资者可以初步了解和掌握在期货市场中的操作方式,为进入期货市场做好准备。

一、期货交易与股票交易有什么不同?

在中国,期货交易和股票交易相比较,投资者相对较少。根据中国证券登记结算有限责任公司2022年4月的数据统计,中国A股账户数已经达到

20370万户,而期货开户数也就仅仅数百万户,期货市场和股票市场的投资者数量差距还是相当大的。所以说,中国股市目前已经成为了大众市场,而期货市场与之相比较还是一个小众市场。

期货交易与股票交易在交易本质上是相同的,都是一种买卖的行为,但在具体表现上有很多不同点:

(1) 交易品种的区别:期货交易的主要是标准化合约,商品合约对应的就是大宗商品。而股票交易的是上市公司股份凭证,是一种金融券,股票代表着持有者对股份公司的权利。

(2) 期货市场的操作可以当天进出买卖,即 T+0 交易,发现操作失误可以马上平仓离场;股票市场的操作是当天买进,第二天才可以卖出,即 T+1 交易,盘中即使发现操作失误也只能眼巴巴地看到收盘,而无能为力。

(3) 期货市场是保证金交易,使投资者可以"以小博大",只要操作得当,就可以获取高额回报;但如果操作失误,损失也就更大,就是所谓的"高风险,高收益",有时还需要追加保证金,所以期货交易更注重资金管理。股票市场在一般情况下是全额保证金买卖。

(4) 期货和股票的涨跌停板不同,目前商品期货的涨跌停板一般是 4%~6%,而股票一般是 10%。

(5) 商品期货交易的品种主要是大宗商品,事关国计民生,价格波动受到国家部委的监控,监管比较严格;但股票市场上的上市公司较多,股票价格受多种因素影响,有时很难认定股票价格的合理范围,难以实施有效的监管。

(6) 期货市场操作要注意合约的到期日,更要注重时间因素。在合约临近交割月时要及时平仓或者展期,但股票市场操作时间性不强,只要公司不退市,可以长期持有。

(7) 期货市场的持仓量是不断变动的,在理论上,持仓是可以不断放大的。但股票市场的个股股本是固定的,可流通的股票也是固定的。

(8) 期货市场的研究重点在于期货品种的经济波动周期、供求关系、政府政策、季节性因素等,股票市场的研究重点是宏观经济环境和个股企业的生产、经营情况。

二、如何依据基本面分析进行期货交易？

进行期货交易，最主要的还是要深入理解现货的基本面。从基本面分析来进行交易决策，从技术面分析寻找合适的入场点和出场点，才能有的放矢。

影响期货价格的因素有很多，但从交易角度来说，我们要找主要矛盾点在哪里。假设市场在一段时期内形成的价格是个平衡态，那么某些因子就能成为未来价格的驱动力，趋势就是这么产生的。

一是宏观经济形势。焦煤焦炭是重要的工业原材料，其需求量与经济形势密切相关。经济增长时，需求增加从而带动焦煤焦炭价格上升，经济萧条时，需求萎缩从而导致焦煤焦炭价格下跌。

二是国家政策变化。自 2016 年开始，钢铁、煤炭行业开启了供给侧改革。煤矿企业淘汰落后产能，集中优质产能，使得大量落后的小煤矿退出市场。与此同时，下跌多年的煤焦期货价格也自 2016 年开始见底回升。2021 年，"碳达峰""碳中和"政策推出，压减粗钢产量，控制高煤耗企业的生产行为。

三是市场供求关系。这是决定期货价格最关键的因素。从 2021 年始，焦煤一直存在供需缺口。一方面，国内安全监管加强，安全生产如刑法，表外产能压缩；另一方面，中澳经贸环境恶化，澳煤进口清零，蒙煤进口受疫情影响也大幅下滑。国内供给弹性下滑，进口减量短期无法弥补，导致 2021 年之后焦煤价格居高不下。

四是库存。库存状况是供求关系分析的一个重要指标。生产者、贸易者、消费者主要是根据价格的变化和自身的库存能力来调整库存。库存是分析价格趋势的重要指标。相较而言，生产者库存对价格的指示意义更强。比如，焦企的库存和焦炭的价格存在明显的负相关关系。

在进行焦煤焦炭期货交易时，除了以上因素，还有物流、季节性等因素也需要纳入考虑范围。比如受疫情影响，蒙煤运输成本大幅上升，其运费在价格中的占比长期在30%以上。2021年以来，运费成为蒙煤价格的波动的一个主要来源。另外，季节性也是一个很重要的影响因素，焦企钢厂一般会有冬储，此时即使看到库存上升，价格也不一定会下降。

延伸阅读

如何做行情预测

市场的发展是可预测的吗？答案是肯定的。市场肯定是有规律可循的，市场的发展也是可以预计的，市场掌握在部分人手里的原因就是他们掌握了市场的规律和发展方向，也可以说是他们的市场预测做得好。那么如何来做好市场预测呢？

1. 什么是市场预测

关于市场预测，很多人都知道早在公元前六世纪至公元前五世纪，我国早期的大商家范蠡就开始做市场预测，并根据他的市场预测来指导经商活动，他提出"水则资车，旱则资舟"（天旱的时候买船卖车，发大水的时候买车卖船……）的市场预测规律与正确的决策理论。近代，日本情报组织的活动尤为活跃，特别是一些跨国大公司往往是在经过复杂的市场调研与预测后才进行战略决策的。

其实，任何客观存在的事物及规律都是可以被人们发现、认识和掌握的。所以，只要掌握了越来越科学的市场预测方法，市场同样也是可以了解和预测的，市场预测的结果同样是可以相信的。

从预测的定义可以看出：预测是指依据过去的实际与现在的市场状态去预期未来，根据已知市场事件对未知事物进行预计和测算，运用科学的手段去探索事物的发展规律，并根据这种规律去预测事物的变化趋势和可能出现的具体现象。

由此类推，市场预测是在市场调查的基础上，运用科学的预测手段与方法，对影响市场营销活动诸因素的过去和现在的状况及发展变化规律进行分析研究，对市场的未来发展与不确定状态做出判断、预计和测算。

比方说，我们可以根据所了解的某个塑料牌号的过去与现在的实际情况，再根据我们掌握的诸多因素，如进口到货量、检修计划、季节性需求等情况，然后再根据个人的主观判断及市场规律进行分析，最终做出市场后市的时间上、价格上、趋势上的判断、预计和测算。

2. 做市场预测所依据的原理

市场预测所依据的原理主要有以下几个：

（1）惯性原理，也称为预测的延续性原理、趋势性原理等。物体有惯性，事件有惯性，某个人所进行的活动、思维也有惯性，而人们进行的总体活动有更大的惯性。惯性对人们的行为活动起到了定向作用。但惯性是会受外部因素影响的，如果外部的影响因素足够强大，则受到其影响的市场趋势的惯性就相对比较少，市场就很难保持原来的状态，就会受各影响因素的作用而变化。

我们根据惯性原理来分析市场，就是要预测市场过去与现在的运动状况，可以这样认为：如果没有出现足够强大的外部影响因素可以改变市场运动状态的话，那么，找出市场原来状态的运动规律（涨或跌或稳）并加以延续，就可以预测市场未来及其发展变化的特点；如果认为影响市场的外部影响因素足够强大，市场原来保持的惯性将被破坏，这样就可以分析外部影响因素的性质、变化方向及其强度，也可以进行市场发展方向和发展特点的预测。

例如：我们常说的按照现在的市场上涨趋势，价格可能会冲高到多少；如果进口到货在什么时候多了很多，那么这个上涨趋势将会受到影响等。又如：焦炭在上市以来的趋势是下跌的，这是因为在焦化产业链中焦炭行业的话语权最弱，对价格的掌控能力差，焦化行业的基本面产能过剩，一直处于供大于求的状况，这个下跌的惯性没有外力影响是不会发生根本变化的。2016年之后，特别是2018—2020年的三年蓝天保卫战，使焦化行业大整合，淘汰大量落后产能，出现供小于求的状况，导致近年来焦炭价格大幅上涨。

（2）相关原理（体现因果关系）。任何事物的发展变化都不是孤立的，都是有相关关系的。市场是在诸多相关事件的相互影响、相互制约、相互联系中发展的。这种关系常常表现为变化上的因果关系与时间上的先导后致关系。因此，我们只要研究分析市场与其相关事件的相关关系和影响程度，找出市场发展变化的因果关系和发展变化在时间上的规律性，就可以从相关的原因事件的变化预测出结果事件的发展趋势。

例如，我们所说的"因为国内大秦线检修无法外运造成主要消费市场供应紧张，煤炭需求持续增长，供需失衡较为严重，进而市场将出现较大幅的上涨""因为国家宏观调控等造成资金面趋紧，进而可能出现短期的出货套利情况影响市场发展等"这些因果关系。

(3) 统计学原理。市场的内在规律有时是不能被直接发现的，在市场发展变化过程中的统计数字，可以把这一切用统计表或图文的形式表现出来，用来了解和分析市场内在规律。例如，我们所做的曲线图、统计表等。这些都是可以说明市场变化内在规律的外在的形式，在某种程度上反映了市场的内在规律性和相互之间的关系。

我们通过收集、整理、分析市场的各种历史记录和各种有意义的数据，以及由这些数据形成的时间序列，先对这些数据进行抽象化思考，寻找事物发展变化的规律，然后进行利用和延伸，这样就使市场预测带有了科学化的意义。

(4) 类比原理。通过长期的市场调查与分析，我们有时会发现不同品种的产品之间，在其发展变化的运动过程中有着极为类似的规律。于是，我们就从一个已知产品的运动规律与总体的变化特征，去推断与之相类似的另一个产品未来的运动规律与变化特征。

3. 市场预测的分类

(1) 市场预测可以按时间分成：长期预测、中期预测、短期预测和近期预测。

(2) 市场预测按方法划分，可以分为定性预测法与定量预测法。

定量预测法是在掌握关于市场及其相关事物的历史信息资料的基础上，运用计算的方法，分析预测市场及其相关事物的历史变化，并根据计算结果确定预测依据的方法。信息资料越丰富，预测效果越好（包括时间序列预测法、相关分析预测、类推预测法、趋势延伸预测法等对数据进行量化的预测方法，主要运用了统计学原理、类比原理，最后运用相关原理得出结论）。

定性预测法主要是根据预测者的知识、水平、经验和分析判断能力，对市场未来发展趋势与状态做出估计、判断和测算的方法。定性预测法又被称作判断预测、直观预测、经验预测。可以说，除去通过计算方法得出的预测外，其他都称为定性预测（基本运用了以上提到的所有原理的综合，市场是难以捉摸的，有时候市场受诸多不稳定因素的影响，毫无规律可言，单纯从历史数据中很难得到答案，这样定性预测法与定量预测法则是相互依赖的互补，而定性预测法的效果要明显好于定量预测法）。

4. 在我们知道了市场预测的几个必须掌握的原理和方法后，就可以根据这些原理和方法，着手了解应该预测的内容。

（1）环境的预测是指，对宏观环境、间接环境、直接环境（如国内外经济、战争、政治、社会环境等）进行分析。

（2）消费需求的预测是指，在一定时期内、一定市场范围内，对焦炭市场需求的数量、需求的结构、需求的特点及影响需求的各种因素进行分析预测，这里面还包括了表现需求与潜在需求的预测。

（3）市场供应的预测包括了各种渠道最终可能提供给市场最终消费者消费的总量预测，既要有宏观供应总量的预测，也要有微观供应量中对某品种、某牌号的产品供应量进行的预测。

（4）消费心理变化的预测就是分析预测影响操作者及下游用户心理的各种因素的变化。"塑料市场并不难，但做塑料的人多了市场就难了"，这句话讲的就是消费心理变化的预测。在供求关系没有发生根本性转变的时候，如某一时期大家都存在很严重的恐慌心理，那么这样的市场就很可能选择向下，要是大家都看好市场惜售不出，那么市场就可能出现供需失衡的情况而价格向上。比方说，大家都知道原油影响到塑料是有时间周期的，但是现在还有很多人尤其是下游很多人都在看原油的涨跌从而推断塑料的涨跌，而往往这些下游和中小贸易商也会决定市场的走势，原油对操作者心理的影响也是显而易见的。

（5）对某类产品的综合预测。做行情预测一是要有供求平衡的预测，二是要做价格水平变化的预测，还要总体预测市场变化发生的时间、变化的幅度和后市的影响。

从经济学上讲，供求关系决定价格，市场价格的涨和跌都是在供求关系失衡的状态下发生的，而成本只是会影响到价格的一个因素。

三、期货交易是否可以运用技术分析方法？

所谓技术分析，是投资者依据商品价格的历史数据，应用逻辑推理、归纳统计等方法，并绘制成图表，或者设计出专门的数学模型，得出统计分析技术指标，以此来研究商品价格变动的规律，并指导现在的操作的一种专门分析方法。和基本面分析不同，技术分析重点在于分析过去、描述现在，并不追究引起价格变动的原因。商品的价格变动既受到基本面因素的理性决定，又受到投资者的情绪、大资金操作方向等非理性因素的影响，技术分析可以研判价格的未来走势，选择适当的买卖时机，更贴近于实际操作。

技术分析是用来辅助投资者进行操作的一种有效的工具，它以三大假设条件为前提。

（一）市场行为包含一切信息

这一假设是技术分析的基础，其主要思想是认为影响商品价格的每一个因素（包括内在因素和外在因素）都反映在市场行为中，投资者只需要关注价格走势，而没有必要对影响商品价格的具体因素过度关心。由结果推导出原因看起来很容易让人信服，其实，对指导实际的操作没有太大意义。

（二）价格波动具有趋势性

这一假设是技术分析得以被使用的最关键因素，这个假设认为商品价格的变动是按一定规律进行的，不是随机的，规律就是价格有保持原来方向的惯性，这样才使得投资者做趋势跟随有利可图。

（三）历史会重演

这一假设是技术分析的重要前提，市场价格运动在图表上留下的运动轨迹，常常有惊人的相似之处。可以说，技术分析的本质就是人们对历史上的价格变动规律的大概率事件的归纳总结，人们认为未来的价格行为依然会遵循这些规律，这也是符合人们的心理的，对于实际操作也是有积极意义的。

在焦炭期货交易中，技术分析方法同样适用。从三大假设来看，焦炭期货的价格基本反映了焦炭的基本面，焦炭期货价格具有非常明显的趋势性，在历史上，焦炭价格的波动也是比较明显的。

技术分析中常用的技术指标一般分为趋势类指标与震荡类指标两大类。常用的趋势类指标有移动平均线、MACD、BOLL 指标；常用的震荡类指标有 KDJ、RSI、W&R 指标。这两大类技术指标一般都是根据指标值的高低、两条指标线交叉等关系或者指标线及图形的形态来把握买卖时机的。

四、如何运用简单移动平均线来进行期货交易？

简单移动平均线（MA）的计算方法就是把连续的若干天的价格（一般使用收盘价）累加起来，然后求其算术平均值。在期货交易中，投资者一般使用 5 日线、10 日线、30 日线、60 日线。移动平均线可以消除价格的不规则波动，展现出整体趋势的方向：移动平均线扭头向上，则整体趋势属于多头市场；移动平均线扭头向下，则整体趋势属于空头市场。此外，移动平均线也可以描述一段时间内的投资者的平均交易成本。

均线指标是描述价格运行趋势的重要指标，因为价格运行一旦形成趋势，将在一段时间内继续保持。均线在价格以下具有支撑作用，价格回落到均线位置一般会上涨；均线在价格以上具有阻力，价格反弹到均线位置一般会下跌,所以,价格回到均线指标所在的位置时往往是十分关键的买进或卖出的有利时机。

从图7-1中我们看到,在焦炭上涨趋势形成以后,在一段时间内持续上涨。20日均线对焦炭期货价格形成了支撑。每当价格回落到20日均线就会出现支撑,然后继续上涨。所以,价格回落到20日均线就成为有利的买入时机。

图7-1　焦炭2209合约价格走势图（2021年12月27日—2022年5月24日）

资料来源：万得。

短期均线依次排列在长期均线上方叫做均线的多头排列,这种情况下一般只考虑做多,不考虑做空;长期均线依次排列在短期均线的上方,称为均线的空头排列,这种情况下一般只考虑做空,不考虑做多。短期均线从上下穿长期均线并且两条均线都处于下降状态称为两条均线死叉,一般视为做空时机;短期均线从下上穿长期均线并且两条均线都处于上升状态称为两条均线金叉,一般视为做多时机。单均线突破与双均线交叉是投资者经常使用的重要的操作方法,从长期看,效果也比较理想。

双均线交叉是比较实用的期货操作方法,在焦炭期货中也有比较好的应用。图7-2展示的是近期焦炭期货主力合约J1209的均线和价格走势。图7-2中,5日均线和20日均线有5次交叉。11月23日,5日均线上穿20日均线是个金叉,按照理论应该做多;12月30日,5日均线下穿20日均线是个死叉,按照理论应该做空;1月5日,5日均线上穿20日均线,按照理论应该做多;1月19日,5日均线下穿20日均线,按照理论应该做空;2

月9日，5日均线上穿20日均线，按照理论应该做多。可以看到，五次交易中，第一次和第五次收益较大，但中间三次则收益较小。按照该理论交易均能获得收益。

图7-2 焦炭2209合约价格走势图（双均线交叉）

资料来源：万得。

从这个案例中我们发现，在焦炭期货价格处于震荡状态时，均线交叉的频率较高，在操作中会消耗一定的交易成本，但如果一旦趋势形成，均线交叉就可以带来非常可观的利润。尤其是在一波大趋势中，利用均线交叉来交易的效果是非常理想的。

五、如何运用布林线指标来进行焦炭期货交易？

布林线指标又叫 BOLL 指标，其英文全称是"Bollinger Bands"，是用该指标的创立人约翰·布林格（John Bollinger）的姓来命名的，是研判价格运动趋势的一种中长期技术分析指标。

BOLL 指标中的上、中、下轨线所形成的价格通道的移动范围是不确定的，通道的上下限随着期货价格的上下波动而变化。在正常情况下，期货价格应始终处于通道内运行。如果价格脱离通道运行，则意味着行情处于极端的状态下。

一般而言，当期货价格在布林线的中轨线上方运行时，表明处于强势趋势；当期货价格在布林线的中轨线下方运行时，表明处于弱势趋势。

运用布林线指标进行期货交易要注意以下几点：

（1）一旦 BOLL 指标开始张口，表示旧的趋势即将结束，新的趋势正在开始，一旦突破，爆发力将很强。

（2）BOLL 指标的 K 线图穿越的方向正好明确地指明了期货价格即将加速运动的方向。

（3）一旦 BOLL 指标的上轨被其 K 线图击穿，表明价格即将强劲上攻，步入主升段，可立即逢低买入。一旦 BOLL 指标的下轨被其 K 线图击穿，表明价格即将破位大跌，应该逢高卖出。

（4）如果 K 线图连续 3 天站稳于 BOLL 指标的上轨，或连续 3 天站稳于 BOLL 指标的下轨，则说明突破是有效的。

案例 7-1　　布林线指标实例

下面我们用案例来说明如何运用布林线指标进行期货交易（见图 7-3）。

图 7-3 是 JM2209 合约在 2021 年 11 月 8 日至 2022 年 5 月 25 日的价格走势图，选取的指标是 K 线和布林线指标。从 12 月开始，焦煤期货价格处于震荡阶段。12 月 24 日，JM2209 合约上涨，K 线突破 BOLL 带上轨，价格走势较强，按照指标可以逢低买入，但 BOLL 指标开口不变，表示旧的趋势还未结束，所以要保持谨慎乐观。3 天后，JM2209 合约 K 线重新跌至上轨之下，不符合 K 线连续 3 天站稳于 BOLL 指标上轨，证明突破无效，多单离场观望。

图7-3 大连商品交易所焦煤2209合约价格走势图（BOLL线）

资料来源：万得。

2022年4月25日，JM2209合约下跌，K线突破BOLL带下轨，价格走势较弱，按照指标逢高卖出。BOLL指标开始张口，下轨往下运行，表示新的下跌趋势可能形成。3天后，JM2209合约K线继续下跌，符合K线连续3天站稳于BOLL指标的下轨，说明突破是有效的，空单继续持有。后来JM2209合约持续下跌，价格一直处于BOLL带的下行通道上，空单一路持有，获利颇丰。

BOLL线指标如果能与其他指标一起使用，效果会更好。在实战中，投资者还需掌握一些操作技巧：

（1）当价格始终沿着布林线通道上轨稳步上行时，则强势特征尤为明显，不妨以回抽中轨作为买点，并以中轨作为重要的止损线。当价格始终沿着布林线通道下轨稳步下行时，则弱势特征尤为明显，不妨以回抽中轨作为卖点，并以中轨作为重要的止损线。

（2）若价格上破布林线上轨3天或冲出上轨过多，而成交、持仓却无法连续放大，则要警惕回调确认的风险。相反，当价格跌出布林线下轨，空换手较为积极，伴随着成交、持仓的持续放大，价格却始终徘徊，则很有可能形成阶段性的底部。

六、如何培养正确的交易理念和习惯？

期货市场是一个杠杆的市场，在这个市场上人性被充分放大，由于人性的缺点而造成的后果也会被充分放大。因此，在期货市场上，更重要的是要认识自己。有期货历史以来，没有任何一个专家百战百胜，没有任何一种分析工具次次灵验。人对事物的认识总会受时间、空间的局限，面对变化的、运动着的世界，考虑不周，失算是难免的。认定自己犯错是必然的，才是走向成功的第一步。

很多新入期货市场的投资者搞反了正确的顺序，他们先追求暴利；当暴利不可求，亏损之后立即追求保本走人；当亏损继续扩大之后，追求能少亏点就走人。其实，他们应该反过来做：先追求少亏钱，尽力在这个残酷的市场上活下来，然后追求适当的盈利，最后再追求超额利润。任何赚钱的事情都不太可能一蹴而就。

有不少投资者认为做期货，只需要学会技术分析就够了，或者认为期货就是赌博，凭的就是运气。这是典型的"读书无用论"。但是，我们都知道，从小学、中学、大学，班上学得比较明白的往往只有少数几个人。期货市场也一样，长期看，只有少数人是赢家，初入市的人都过高估计了自己的水平，无理由地认定自己会是成功者。从心理学上讲就是人往往过度高估自己，低估别人，尤其是熟悉的人。期货市场把人的情绪波动放大到了极限，让我们认清了残酷的现实——原来自己并不是想象中的那么聪明。在一个80%以上的人都是投机的市场，行情走势往往是非理性的，是资金推动的，不能只用书本上的知识去解释，希望投资者时刻保持理智，经过几年的磨炼之后，无论技术还是心态都达到圆满境界时，才能赚到自己能看明白的那部分钱。很多期市的高手都是经历了多年的痛苦才达到比较稳定的盈利的状态。

据统计数据表明任何行业要想做出成绩一般要经过10000小时，按照每天 10 小时计算,大约需要 3 年时间。期货行业也不例外,想稳定盈利需要先摸索 3 年左右,悟性高的也需要 1 年时间,所以我们首先要做的就是轻仓操作,不要操之过急。一定要在子弹未打完的情况下,改掉交易中的坏习惯,建立起正确的交易理念,培养良好的交易习惯,尽快地找到一个适合自己的交易策略,早日做到持续、稳定盈利。

有一个简单的方法可以培养正确的交易习惯——同时轻仓操作两个本金相同的账户,A 账户严格按照自己的策略进行操作,B 账户在 A 账户进行操作的同时执行相反的操作。这样可以在这个市场长久地活下来,慢慢积累经验总结教训,并且本金不至于亏掉太多,当 A 账户可以稳定盈利时,就找到了适合自己的、比较稳健的操作策略,B 账户就可以按照 A 账户的策略来操作了。

 七、期货交易中如何进行资金管理?

期货交易中的资金管理包含两部分:头寸管理和风险控制。在交易模式中,资金管理是最重要的部分,甚至比交易方法本身还要关键。资金管理所解决的问题,事关我们在期货市场的生死存亡,它告诉交易者如何掌握好自己的钱财。作为成功的交易者,谁笑到最后,谁就笑得最好,资金管理恰恰增加了交易者生存下去的机会,而这也就是赢在最后的机会。

期货资金管理中,头寸管理包括投资品种的组合、每笔资金使用的数量、加码的数量等。专业的投资者都会限制自己每次的投资交易金额,因为你无法预测下一次的交易是盈利还是亏损。

期货交易风险管理主要涉及止损、止盈。从概率角度来看,只有完成一定数量的交易,才能反映你的交易系统的成效,而不是某几笔交易的盈亏就能评价的。所以,能够在期货市场中长期生存,并且完成一个成功交易投资者必要的交易次数,才能体现交易系统的成效。

大多数人都希望能找到一个高胜率的交易体系,乐此不疲,但从结果来看，都是惨淡收场。因为，在相同的交易机会前，体系中最关键的因素不是胜率的高低，决定交易体系价值的关键因素是盈利时和亏损时的投资额的大小。多赚少亏指的并不是赚的次数多，亏损的次数少，而是指每次赚的金额大于亏损的金额。量子基金经理德拉肯·米勒说过：当你对一笔交易充满信心时，就要给对方致命一击，索罗斯对我不多的几次批评是因为我对市场判断正确时，没有最大限度地抓住机会扩大战果。

95%的交易盈利来源于5%的交易，美国期货比赛的常胜将军马丁·舒华兹在一年200多个交易日中，有200个交易日左右的时间是小亏小盈的，而在50个交易日中获得了较大的盈利。所以说，把握交易头寸大小，尤其是在正确的时候做正确的事情，才是一个成功的投资者的投资秘诀。

下面我们用一张表来对资金管理的风险度做一个比较（见表7-1）。假如资金份数只有1，也就是满仓交易，在胜率70%的时候，亏损概率是42.86%；在胜率55%的时候，亏损概率是81.82%。按照概率来说，多次交易下，大多数人的概率应该是50%，所以满仓交易，一赚九亏。但如果我们把资金分成4份，也就是每次初始头寸开仓为总资金的1/4，那么在胜率为55%的时候，亏损概率是44.81%，盈亏基本是平衡的。所以，要保持稳定的盈利，初始开仓头寸控制在资金的20%~25%比较合理。

表7-1　　　　　　　　　资金管理的风险度

资金份数	获胜率70%	获胜率60%	获胜率55%
	亏损概率（%）	亏损概率（%）	亏损概率（%）
1	42.86	66.67	81.82
2	18.37	44.44	66.94
3	7.87	29.63	54.77
4	3.37	19.75	44.81
5	1.45	13.17	36.66
6	0.62	8.78	30
7	0.27	5.85	24.54
8	0.11	3.9	20.08
9	0.05	2.6	16.43
10	0.02	1.73	13.44

延伸阅读

资金管理的集中方法

方法一：均衡交易——固定金额交易（Equal Dollar Exposure Per Trade）

投资者在每次交易时，开仓的金额应保持在同一水平。该方法最好的地方是在操作上简单实用。那么，在实际的操作中，我们如何来确定这个固定金额呢？普通的交易者可以根据以下两个方面来确定固定的交易金额。

（1）心理承受的最大损失。

（2）所交易品种的止损价位计算。

下面我们以上海期货交易所焦煤期货合约举例，简单地阐述一下该方法的应用。

一个投资者在其期货保证金账户上存有保证金200000元。他每次交易的最大心理损失额为10000元（该投资者的交易周期为5天），假设焦煤5天的波动范围（求其方差）有68%的可能性在2%左右，那么该投资者的开仓率是多少呢？

首先计算出在投资周期内可能的损失额：假设目前焦煤价格为2000元/吨，那么在68%的可能性波动在2%，即损失额为40元，那么，该交易者的交易比例为：

$$F = 10000/40 \times 2000 \times 5\%/200000 \times 100\% = 250 \times 2000 \times 5\%/200000 \times 100\% = 12.5\%$$

该方法较简单实用，尤其对一般的投资者来说，易于理解和操作。更重要的是该方法考虑了投资者的心理承受能力，使用该方法使投资者能够在整个交易过程中保持一种良好的交易心态，使投资者在对行情的分析和把握上能更加准确、合理。

方法二：固定比例交易法（Fixed Fraction Exposure）

该方法是指在每次交易的时候使自己的资金维持在同样的比例。

如何设置比例呢？举例如下：根据过去的交易，10次交易中你获利的次数是 6 次；固定比例法的公式如下（F 为比例值）：

$$F = [P - (1 - P)] \times 100\% = (0.6 - 0.4) \times 100\% = 20\%$$

那么，你开仓的比例为 20%。

这里要注意的是，如果你的胜率低于 50%，则在该公式下，$F < 0$。也就是说，使用该公式的关键在于你操作成功的比例必须大于 50%。

方法三：最佳比例法——Kelly 修正法

本方法利用特定的交易方法代替历史数据方法，以得到最佳交易比例。

在 Kelly 修正法里，假设收益比和成功比在每次交易中是变化的，这是符合日常交易的情景的。它的结论是：每次交易的比例都是独特的。

在计算中，Kelly 修正法有两种方法：估计计划的风险和收益法与历史收益法。这里介绍估计计划的风险和收益法。

该方法假设交易者在交易前就估计可能的风险和收益。

例如，一个交易者买入一份焦炭合约，可能有 200 元的利益和 80 元的风险损失，且他过去的成功比为 0.45，则收益比为：$A_1 = 200/80 = 2.5$。

我们根据成功比再计算收益比：

$$A = 成功比 \times 收益比 - 失败比 \times 1 = 0.45 \times 2.5 - 0.55 \times 1 = 0.575$$

则 $F = A/A_1 \times 100\% = 0.575/2.5 \times 100\% = 23\%$

以上通过三种方法较系统地介绍了期货资金开仓的设计方法。作为一个成熟的投资者，他的成功是建立在有效的资金管理上的。无论是普通投资者，还是机构投资者，在进行金融衍生品投资时，在交易前一定要做好对自有资金的管理和设计，使投资始终处于可控范围内，只有这样，才能真正享受金融衍生品带来的巨大收益。

八、如何控制期货投资中的风险？

期货市场实行保证金制度，成倍地放大了人们对财富的渴望，贪婪与恐惧交织在一起，让人很难做出正确的操作。作为期货市场的投机者，特别是刚进入期货市场的新手，首先要控制好自己的心态，理性操作。许多人在市场上是亏损的，很大一部分原因就在于他们没有控制好心态，没有保持理性的操作。比如，有些客户往往喜欢把盈利的单子平掉，早早地落袋为安；而亏损的单子一直捂着，直到产生更大的亏损。打个比方，如果你是一家公司的老板，雇了两名员工，一个积极努力，为公司创造了很多利润；另一个消极怠工，无所作为，你会怎么办？你当然会辞退不好好干活的，留下积极努力的员工，让他为你创造更多的财富。同样，在期货市场上，一个单子是亏损的，一个单子是盈利的，理性的操作就是平掉亏损的单子，盈利的单子多拿一段时间，直到趋势逆转，也就是截断亏损，让利润奔跑。

让利润奔跑还需要顺势而为。期货市场如战场，我们参军打仗的目的是享受胜利果实，我们进入期货市场的目的是赚钱。当敌人炮火猛烈的时候，我们就要进行战略防御；当市场方向不明时，我们就要耐心等待时机的出现。在市场上，如果你一定要抄底摸顶，结局往往就是爆仓离场，而这显然有违我们进入市场的初衷。因此，在实际交易操作的时候，一般都要顺势而为，在趋势形成的时候才跟进，一定要保持理性。

在顺势而为的基础上还要做好仓位控制。我们手中的资金就是战场上的子弹，我们的子弹是有限的，不能在没有瞄准的情况下胡乱浪费子弹。因此，在期货市场上一定要耐心等待时机，在自己的交易系统出现买卖信号时再操作，不要在交易信号出现之前就打光了子弹。

总之，在实际操作中控制风险一定要顺势而为，尽量做趋势交易，不要总试图抄底摸顶；应该严格按照自己的操作策略来操作，操作中不能随心所欲。自己的操作策略必须在实盘检验中或者模拟交易中是正期望的；在操作中务必做好仓位控制；在行情看错的情况下一定要及时止损而不能死扛，甚至继续加仓。

案例 7-2　逆势不止损危害巨大

2021 年 11 月之后，焦煤供给持续偏紧，加上疫情扰动，从蒙古国进口的运费也一直居高不下。在供需缺口一直存在的情况下，焦煤逐步呈现上行趋势。JM2205 合约自 2021 年 11 月的 1500 元/吨涨至 2022 年 3 月初的 3130

元/吨，期间涨幅达100%（见图7-4）。如果投资者账户上有12万元资金，在2000元/吨处做空1手JM2205合约，交易保证金为3.6万元，资金占用比例为30%。2022年1月，JM2205合约涨至2300元/吨，该客户亏损1.8万元。但该客户认为焦煤期货已经涨到了震荡区间的上延，之后会回落。于是，A客户继续加仓一手JM2205合约，交易保证金4.14万元。操作后该客户持有2手JM2205合约，交易保证金为8.28万元，账户总资金10.2万元，资金占用比例为81%。可是，JM2205合约在经历了短暂的回调之后，继续上涨。在JM2205涨至2400元时，A账户亏损3万元，可用资金3600元。第二天在未追加保证金的情况下，被强行平仓1手JM2205合约。强平后A账户总资金为9万元，交易保证金4.32万元。随后客户A一直捂着等待价格回落，但事与愿违，俄乌冲突发生后，JM2205被海外能源拉动加速大涨。最终A客户在3100元/吨处止损离场。

在这笔交易中，A账户总投入资金12万元，总亏损7.2万元，亏损60%。此次交易中，A客户最主要的原因在于他没有控制好风险，不懂止损，在上涨趋势中一直空，直至爆仓出局。这种案例在实际期货交易中屡见不鲜，值得广大投资者警惕，不要再犯类似的错误。

图7-4 焦煤期货2205合约（JM2205）价格走势

资料来源：万得。

九、在期货交易中，除了单一品种投机之外，是否还有其他的投资方法？

在期货交易中，除了单品种的投机之外，套利交易不失为一种低风险、收益也不错的操作方式。

套利是指期货市场投机者利用不同月份、不同商品、不同市场之间的价格差异，同时买入和卖出不同的期货合约以从中获取风险利润的一种交易行为。它是期货市场投机的一种特殊操作方式，它丰富和发展了期货投机的内容，并使期货投机不仅局限于期货合约绝对价格的变化，更多地转向期货合约相对价差的变化，从而保证期货市场价格发现功能的实现。

期货价差指两种相关的期货合约价格之差。当投资者预期价差扩大时进行买进套利，买高卖低；当投资者预期价差缩小时进行卖出套利，卖高买低。套利的基本操作方式有以下几种：

一是跨期套利，是指同一投机者以赚取差价利润为目的，在同一期货品种的不同合约月份建立数量相等、方向相反的交易头寸，并以对冲或交割方式结束交易的一种操作方式。在焦炭期货实际应用中，由于焦煤焦炭期货合约一般是单一合约较为活跃，不像白糖、豆油、豆粕等是多合约活跃，所以跨期套利的操作很难实现。

二是跨市套利，是指同一商品在不同市场的套利。这种套利方式在铜、锌、黄金、棉花等品种上较为多见。比如，铜是国际市场，伦铜和沪铜的交易都非常活跃，所以有跨市套利的空间。但焦煤焦炭期货是国内市场，国际上没有相应期货品种，所以全球间的跨市套利较难实现。

三是跨商品套利，是指利用不同商品之间的强弱对比关系差异所产生的价差进行的套利活动。焦炭是炼钢的原料，钢铁价格的涨跌会引发焦炭价格的涨跌，所以焦炭期货和钢材期货具有较强的相关性，两者间可以进行跨品种套利。一般来说，在不考虑宏观影响的前提下，当钢铁企业进行限产时，钢铁产量减少，焦炭的需求减少，钢铁产量减少对钢材价格有支撑作用，焦炭需求减少使焦炭过剩量加剧，导致焦炭价格走弱。这时投机者就可以进行买入钢材期货，卖出焦炭期货的套利操作。除了钢材之外，焦煤焦炭之间也可以进行跨品种套利。

交易者之所以进行套利交易，主要是因为套利的风险较低，套利交易可以为始料未及的或因价格剧烈波动而引起的损失提供某种保护，但套利的盈利能力也较直接交易小。套利的主要作用一是帮助把扭曲的市场价格回复到正常水平，有助于期货市场价格发现功能的实现；二是可以增强市场的流动性。

无论哪种套利模式，本质都是对商品的价差进行交易，一般就是趋势跟随或者震荡操作两种方法。套利交易因为对冲的操作导致交易风险相对较小，部分交易所对套利交易收取较低的手续费，使套利交易成本较低，无论对大资金还是对小资金，套利交易都是一种稳健的投机方式。

自测题

一、不定项选择题

1. 技术分析的几大假设条件是（　　）。
   A. 市场行为包含一切信息　　　B. 价格波动具有趋势性
   C. 历史会重演　　　　　　　　D. 未来可以预测
2. 技术分析的研究对象是（　　）。
   A. 未来数据　　　　　　　　　B. 现在数据
   C. 历史数据　　　　　　　　　D. 以上都是
3. 从基本面来分析焦炭期货价格，要关注（　　）方面。
   A. 宏观经济形势　　　　　　　B. 国家政策变化
   C. 焦炭市场供求关系　　　　　D. 焦炭库存
4. 下面（　　）是做空机会。
   A. 移动平均线从下降开始走平，价格从下上穿平均线

B. 价格继续上升，突然下跌，但在平均线附近再度止跌上升

C. 价格跌破平均线，但平均线还在上移

D. 平均线从上升开始走平，价格从上下穿平均线

5. MACD 柱状图处于（　　）状况，表明价格继续走强，将持续上涨。

A. 红柱持续变长　　　　　　　　B. 绿柱持续变长

C. 红柱开始缩小　　　　　　　　D. 绿柱开始缩小

6. MACD 指标的（　　）情况是多头市场。

A. DIF 和 DEA 均为负值　　　　B. DIF 为正值，DEA 为负值

C. DIF 为负值，DEA 为正值　　D. DIF 和 DEA 均为正值

7. RSI 指标的（　　）状况适宜做多。

A. 短期 RSI 与长期 RSI 在 20 日均线处死叉

B. 短期 RSI 与长期 RSI 在 20 日均线处金叉

C. 短期 RSI 与长期 RSI 在 60 日均线处金叉

D. 短期 RSI 与长期 RSI 在 60 日均线处死叉

8. BOLL 指标的喇叭口处于（　　）状况适宜做多。

A. 开口型喇叭口　　　　　　　　B. 收口型喇叭口

C. 紧口型喇叭口　　　　　　　　D. 半封闭的

9. 以下（　　）指标是趋势性指标。

A. RSI　　　　　　　　　　　　B. KDJ

C. W&R　　　　　　　　　　　D. MACD

10. 以下（　　）说法是错误的。

A. 程序化交易可以消除交易中的人的情绪的影响

B. 使用程序化交易肯定可以赚钱

C. 简单的程序化交易操作策略长期看仍有可能盈利

D. 卖得很贵的交易系统实盘表现未必很好

二、判断题

1. 常用的震荡类指标有移动平均线、MACD、BOLL 指标；常用的趋势类指标有 KDJ、RSI、W&R 指标。　　　　　　　　　　　　　　　　（　　）

2. 期货交易采用杠杆的方式，因此要注重资金管理。　　　　（　　）

3. 布林线指标又叫 BOLL 指标,其英文全称是"Bollinger Bands",是用该指标的创立人约翰·布林格(John Bollinger)的姓来命名的,是研判价格运动趋势的一种中长期技术分析指标。（ ）

4. 所谓套利,是指期货市场投机者利用不同月份、不同商品、不同市场之间的价格差异,同时买入和卖出不同的期货合约以从中获取风险利润的一种交易行为。（ ）

参考答案

一、不定项选择题

1. ABC   2. C   3. ABCD   4. D   5. A
6. D   7. C   8. A   9. D   10. B

二、判断题

1. ×   2. √   3. √   4. √

后 记

本书是专为期货交易者编写的一本普及性读物,适合于焦煤焦炭产业链企业和普通交易者阅读。

本书注意实用性、趣味性,以通俗易懂的语言、鲜明生动的案例将理论知识简单化,避免了理论知识阐述过程中的呆板僵硬。对焦煤焦炭产业链企业而言,本书具有指导实务操作的作用,书中包含了大量套期保值、套利、风险管理的应用型案例,对企业应用焦煤焦炭期货有一定借鉴意义。对于普通交易者而言,本书通过一问一答的形式,由浅入深地剖析焦煤焦炭的基本面和技术面,有助于投资者快速了解焦煤焦炭市场。

与证券、债券等金融工具相比,期货作为风险管理工具,专业性强,杠杆率高,风险大,这在客观上要求交易者具备一定的专业投资知识、经济实力以及风险承受能力。"期市有风险,入市需谨慎!"

本书由于篇幅限制,无法尽述相关实体企业及交易者在期货市场上可能面临的所有具体情况,不管是实体企业还是普通交易者,参与到期货市场中,都务必结合自身需求,制定科学合理的交易策略。企业参与套期保值要避免变成投机,普通交易者要严格评估自身能力,尽可能地熟悉并掌握交易品种的市场特点及操作技巧,并严格控制交易规模,避免遭受不必要的损失。

作为《期货交易者教育系列丛书》之一,本书由中国期货业协会组织编写,信达期货有限公司谢长进、楼家豪、李艳婷、张亦宁、刘开友承担了本书的具体编写任务。大连商品交易所对本书书稿进行了审阅并提出了宝贵建议。

本书在第一版的基础上更新焦炭相关内容，并新增焦煤期货，在此感谢第一版编写人员信达期货有限公司陈磊、戴耀庭、吕洁等同志在编写过程中作出的杰出贡献。本书在编写过程中还得到了中国证监会投资者保护局、期货部、大连商品交易所和信达期货有限公司相关领导的指导和帮助，在此表示衷心的感谢！书中的错误之处，敬请批评指正。

中国期货业协会《期货交易者教育系列丛书》编委会
2023 年 8 月

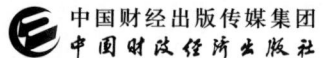

书 单
FUTURES

一、系列

序号	系列
（一）	期货交易者教育系列图书
（二）	金融衍生品系列丛书
（三）	中国期货业发展创新与风险管理研究
（四）	中国期货市场年鉴
（五）	"讲故事 学期货"金融国民教育丛书
（六）	全国期货从业人员资格考试参考用书
（七）	服务实体经济系列
（八）	期货投资者保护丛书
……	……

二、明细

（一）期货交易者教育系列图书

序号	书名	书号
1	铜期货	978-7-5223-0293-5
2	精对苯二甲酸（PTA）期货	978-7-5223-1405-1
3	玉米期货	978-7-5223-2467-8
4	铝期货	978-7-5223-2980-2
5	小麦	978-7-5095-3183-9
6	锌期货	978-7-5223-3913-9
7	线型低密度聚乙烯、聚丙烯和聚氯乙烯期货	978-7-5223-2982-6
8	早籼稻	978-7-5095-3076-4

续表

序号	书名	书号
9	棉花期货	978-7-5223-2276-6
10	燃料油期货	978-7-5223-2659-7
11	棕榈油期货	978-7-5223-2981-9
12	黄金	978-7-5095-2532-6
13	白糖期货	978-7-5095-8814-7
14	豆类期货	978-7-5095-8815-4
15	焦煤焦炭期货	978-7-5223-2286-5
16	乙二醇期货	978-7-5223-1645-1
17	铅	978-7-5095-4086-2
18	鸡蛋期货	978-7-5095-5803-4
19	铁矿石期货	978-7-5095-5809-6
20	纤维板、胶合板期货	978-7-5095-5810-2
21	石油沥青期货	978-7-5095-5816-4
22	菜籽系期货	978-7-5095-5743-3
23	白银期货	978-7-5095-5955-0
24	玻璃期货	978-7-5095-5697-9
25	动力煤期货	978-7-5095-5802-7
26	稻谷期货	978-7-5095-5826-3
27	原油期货（第二版）	978-7-5223-2342-8
28	苹果期货	978-7-5223-0455-7
29	花生期货	978-7-5223-0967-5
30	生猪期货	978-7-5223-0851-7
31	天然橡胶期货	978-7-5223-1184-5
32	钢材期货	978-7-5223-1175-3
33	甲醇期货	978-7-5223-1295-8
34	纸浆期货	978-7-5223-1277-4
35	纯碱期货	978-7-5223-2285-8
36	镍与不锈钢期货	978-7-5223-2488-3
37	锡期货	978-7-5223-2660-3
38	液化石油气期货	978-7-5223-2931-4
39	工业硅期货	978-7-5223-3776-0
……	……	……

（二）金融衍生品系列丛书

序号	书名	书号
1	股指期货（第二版）	978-7-5095-9432-2
2	场外衍生品（第二版）	978-7-5095-9596-1
3	国债期货（第二版）	978-7-5095-9601-2
4	金融期权（第二版）	978-7-5095-9598-5
5	外汇期货（第二版）	978-7-5095-9597-8
6	结构化产品（第二版）	978-7-5095-9600-5
7	金融衍生品习题集（第二版）	978-7-5095-9599-2

（三）中国期货业发展创新与风险管理研究

序号	书名	书号
1	中国期货业发展创新与风险管理研究（8）	978-7-5095-6907-8
2	中国期货业发展创新与风险管理研究（9）	978-7-5095-7523-9
3	中国期货业发展创新与风险管理研究（10）	978-7-5095-8144-5
4	中国期货业发展创新与风险管理研究（11）	978-7-5223-0213-3
5	中国期货业发展创新与风险管理研究（12）	978-7-5223-1483-9
6	中国期货业发展创新与风险管理研究（13）	978-7-5223-2215-5
7	中国期货业发展创新与风险管理研究（14）	978-7-5223-2819-5
……	……	……

（四）中国期货市场年鉴

序号	书名	书号
1	中国期货市场年鉴（2015）	978-7-5095-6924-5
2	中国期货市场年鉴（2016）	978-7-5095-7503-1
3	中国期货市场年鉴（2017）	978-7-5095-8331-9
4	中国期货市场年鉴（2018）	978-7-5095-9079-9
5	中国期货市场年鉴（2019）	978-7-5095-9869-6
6	中国期货市场年鉴（2020）	978-7-5223-0640-7
7	中国期货市场年鉴（2021）	978-7-5223-1500-3
8	中国期货市场年鉴（2022 中文版）	978-7-5223-2380-0
9	中国期货市场年鉴（2022 英文版）	978-7-5223-2381-7
10	中国期货市场年鉴（2023 中文版）	978-7-5223-2837-9
11	中国期货市场年鉴（2023 英文版）	978-7-5223-2836-2
……	……	……

（五）"讲故事 学期货"金融国民教育丛书

序号	书名	书号
1	走进期货	978-7-5095-7095-1
2	如何进行期货交易	978-7-5095-7092-0
3	期货的套保和套利	978-7-5095-7093-7
4	期货交易中的"规矩"	978-7-5095-4355-9
5	金属期货	978-7-5095-7087-6
6	农产品期货	978-7-5095-7104-0
7	能化期货	978-7-5095-7088-3
8	金融期货	978-7-5095-7094-4
9	期权	978-7-5095-7217-7
10	场外衍生品	978-7-5095-7091-3

（六）全国期货从业人员资格考试参考用书

序号	书名	书号
1	期货及衍生品基础（第三版）	978-7-5223-1005-3
2	期货法律法规与职业道德（第二版）	978-7-5223-2897-3
3	期货及衍生品分析与应用（第四版）	978-7-5223-0998-9

（七）服务实体经济系列

序号	书名	书号
1	期货行业助力复工复产案例集	978-7-5223-0168-6
2	期货服务实体经济案例集	978-7-5095-8029-5
……	……	……

（八）期货投资者保护丛书

序号	书名	书号
1	期海导航——期货投资常识与基础知识	978-7-5223-1045-9
2	期海护航——期货交易者合法权益保护	978-7-5223-1531-7

咨询电话：010-88190912

咨询邮箱：jiayanping@cfemg.cn